W0178575

Kreipl · Das Thermik-Handbuch

Manfred Kreipl

Das Thermik-Handbuch

Motorbuch Verlag Stuttgart

Einbandgestaltung: Siegfried Horn nach Vorschlag des Autors

ISBN 3-613-01267-7

4. Auflage 1996

Copyright © by Motorbuch Verlag, Postfach 10 37 43, 70032 Stuttgart.
Ein Unternehmen der Paul Pietsch Verlage GmbH + Co.
Sämtliche Rechte der Speicherung, Vervielfältigung und Vertreibung
sind vorbehalten.
Satz und Druck: Brönner & Daentler, 85072 Eichstätt.
Bindung: Verlagsbuchbinderei Karl Dieringer, 70839 Gerlingen.
Printed in Germany

Inhalt

6

Einleitung

Immer wieder wurde und werde ich bei Vorträgen und Seminaren gebeten, meinen Script zur Veröffentlichung freizugeben, da großes Interesse auch an den instruktiven Zeichnungen bestünde.

Diesem häufig geäußerten Wunsch bin ich hiermit nachgekommen.

Da die Thermik ja den Motor für viele Flugsportarten darstellt, für andere Sparten aber als Gegner auftritt, wurde mit der vorliegenden THERMIK-FIBEL versucht, beiden Parteien einen Ratgeber zur Hand zu geben, der als Leitfaden sowohl in der Theorie als auch mit Hinweisen für die Praxis gleichzeitig als Helfer fungieren soll. Für die einen soll er den Grad der Abhängigkeit von dieser meteorologischen Erscheinung vermindern helfen, für die anderen das Wissen für die Prophylaxe erhöhen.

Für die Anhänger der Sportarten des thermischen Fluges soll es den Einstieg erleichtern, für die Fortgeschrittenen und Meister eventuell als Nachschlagewerk oder Gedankenstütze dienen.

Es liegt in der sehr umfangreichen Materie begründet, daß ich selbst teilweise auf bereits veröffentlichte Werke bekannter Meteorologen oder Thermikexperten zurückgreifen mußte, damit die THERMIK-FIBEL ein vollständiges Nachschlagewerk in Sachen »Thermik« werden konnte.

Mein Dank gilt insbesondere meinem Sohn Stephan, der den Großteil der Zeichnungen in die Tat umsetzte.

Manfred Kreipl

Definition der Thermik

Unter dem Begriff »Thermik« versteht man die beschleunigte Aufwärtsbewegung einzelner, gegenüber der Umgebungsluft wärmeren bzw. weniger dichten Luftkörpern.

Auftriebskraft und -beschleunigung dieser Luftkörper lassen sich dabei nach dem Gesetz von Archimedes bestimmen.

Da Dichteunterschiede der bodennahen Luftschicht hauptsächlich durch Temperaturunterschiede hervorgerufen werden, ist die Beschleunigung des aufsteigenden Luftkörpers der Temperaturdifferenz von Umgebungsluft zu aufsteigender Luft proportional.

Nutzbare Thermik bildet sich im allgemeinen in der warmen Jahreszeit über Landflächen an Tagen mit Sonneneinstrahlung aus. Diese führt im Laufe des Vormittags zu einer mehr oder minder starken Aufheizung der Erdoberfläche, so daß sich die dem Erdboden aufliegende Luftschicht durch Wärmeleitung erwärmt. Dadurch bilden sich infolge der vielgestaltigen Erdoberfläche und der damit verbundenen unterschiedlichen Bodentemperaturen über erhitztem Untergrund Warmluftkörper aus.

Diese Warmluftkörper oder *Thermiksäulen* können sich dann bei ausreichendem Auftrieb, der bei einem Temperaturgefälle von cirka 2° zur Umgebungsluft vorhanden ist, vom Boden lösen und als eine quasi auf dem Kopf stehende, kegelförmige Warmluftsäule wie ein »Heißluftballon« an Höhe gewinnen.

In der Höhe setzt dann eine Ausgleichströmung ein, die allmählich die aufsteigende *Thermikblase* von unten her abschnürt. Diese entstandene Thermikblase steigt beschleunigt auf, bis sie infolge adiabatischer Abkühlung und Mischung die gleiche Temperatur wie die Umgebung aufweist.

Die dabei im unteren Bereich der Warmluftsäule stattfindende Durchmischung mit der Umgebungsluft führt zu einer Auftriebverminderung, so daß sich eine Schleppe weniger warmer Luft mit geringerer Aufstiegsgeschwindigkeit ausformt.

Nach wenigen Minuten kann sich dann die nächste Warmluftblase bilden, die beim Erreichen der Schleppe ihrer Vorgängerin aufgrund des geringeren Stirnwiderstandes schneller aufzusteigen vermag. Der dadurch entstandene *Thermikschlauch* wird zum Höhengewinn beim Fliegen genutzt. Zwischen diesen Steiggebieten sinkt aber die Luft als Ausgleich wieder ab. Diese Zirkulation, die aus einer geordneten vertikalen Strömung um eine horizontale Achse besteht, welche sich aus der am Erdboden erwärmten und aufsteigenden Thermikluft, die sich in der Höhe abkühlt und seitwärts wieder absinkt, zusammensetzt, heißt *Konvektion*.

Entwicklung der Thermik

Die Entwicklung der Thermik beginnt in einer flachen, bodennahen Heißluftschicht (= sogenannte überadiabatische Schicht mit sichtbarem Flimmern beispielsweise über Asphalt), deren vertikaler Temperaturgradient bis zu 10° C pro 100 m Vertikalerstreckung betragen kann!

Hat die Sonne eine Höhe von etwa 10° erreicht, so nimmt die Dicke und der Grad der Instabilität der überadiabatischen Schicht bis zu einem Sonnenstand von 30° rasch zu. Von diesem Zeitpunkt an vergrößert sich zwar noch der vertikale Temperaturgradient, aber nicht mehr die Schichtdicke, da die Konvektion so stark geworden ist, daß die Bodenwärme nun größtenteils in höhere Schichten abtransportiert wird.

Die Dicke und der Labilitätsgrad der überadiabatischen Schicht wird von der Intensität der *Einstrahlung,* der *Turbulenz* und der *Art des Untergrundes* bestimmt. Über wüstenähnlichen Gebieten können mehrere 100 m starke überadiabatische Luftschichten entstehen, in Meeresgebieten sind nur Schichtdicken von einigen Dekametern wahrscheinlich.

Die Stärke der Vertikalbewegungen ist dabei hauptsächlich von der Schichtdicke und der Größe des vertikalen Temperaturgradienten, also dem Labilitätsgrad, abhängig.

Die Wechselwirkung zwischen aufsteigenden Thermikblasen und der Abwärtsbewegung der Luft dazwischen in der überadiabatischen Schicht läßt im allgemeinen keine der beiden Vertikalbewegungen vorherrschen, sondern verursacht eine gegenseitige Abschwächung oder Zerstörung eines großen Teils der auf- und abwärts gerichteten Luftströme.

Erreicht eine sich im Wachstumsstadium befindliche Thermik-
säule etwa die halbe Höhe der überadiabatischen Schicht, so
beträgt ihre Chance, sich zu einer gut ausgebildeten Thermikblase
zu entwickeln, mehr als 50 %. Je mehr nun dieser auf dem Kopf
stehende Warmluftkegel an vertikaler Ausdehnung in der überadiabatischen Schicht gewinnt, desto geringer wird die Wahrscheinlichkeit seiner Zerstörung.

Auf diese Art und Weise wirkt diese überadiabatische Schicht
wie ein Filter, der nur gut ausgebildete Säulen oder Blasen
aufgeheizter Luft in die darüber liegende Luftschicht hindurchläßt.

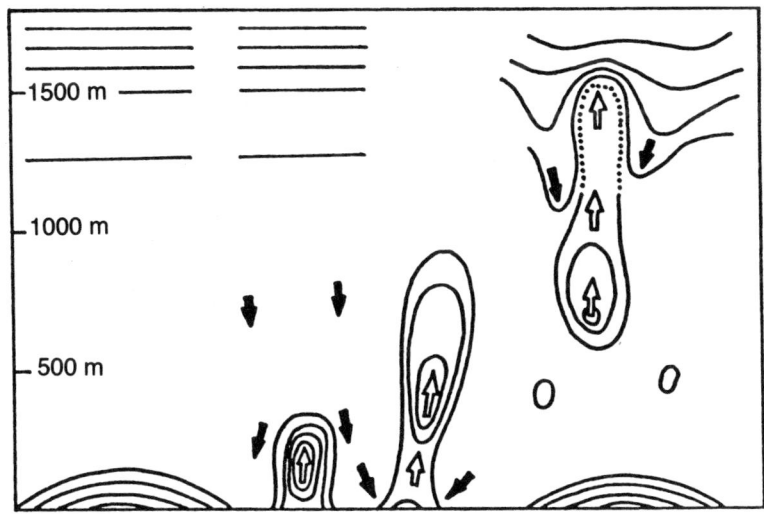

Die vorstehende Zeichnung zeigt die Auslösung der Thermik in
der überadiabatischen Schicht und das Eindringen von Thermikblasen in eine stabile Luftschicht, wobei die Linien gleiche poten-
tielle Temperaturen darstellen.

Oberhalb der überadiabatischen Schicht ist der vertikale Temperaturgradient fast trockenadiabatisch. Die Anzahl der Thermikblasen ist in dieser trockenadiabatischen Schicht zwar geringer
als in der superadiabatischen (= überadiabatisch), aber die Auf-

11

winde sind besser entwickelt, gewinnen beim Aufstieg an Weite und nehmen häufig die Struktur eines Wirbelringes an.

Durch die an ihrer Obergrenze stattfindenden Durchmischung mit der Umgebungsluft, in der die Thermikblase vordringt, und dem Einbeziehen von Luft (= Entrainment) an ihrer Basis vergrößert sich der beschleunigt aufsteigende, symmetrische Wirbelring ständig. In 300 bis 600 m über Grund hat die Thermikblase etwa einen Durchmesser von 200 bis 600 m erreicht, der mit zunehmender Höhe weiter wächst. Der Wirbelring besitzt meist eine schmale Region nahe dem Zentrum, Thermikkern genannt, in der die Aufwinde markant kräftiger ausgeprägt sind als in der Umgebungszone. An trockenheißen Tagen ist diese Aufwindregion sehr eng begrenzt, jedoch dafür ausgesprochen kräftig. Die Aufwindstärke im Zentrum ist zirka doppelt so groß wie die Steiggeschwindigkeit der gesamten Thermikblase. Dadurch ist das Fluggerät in der Lage, im Kern schneller zu steigen als es die ganze Thermikblase vermag. An der Obergrenze des Wirbelringes angekommen, steigt man solange, bis die Aufwärtsbewegung der gesamten Thermikblase kleiner als das Eigensinken des Fluggerätes ist.

Im allgemeinen wird die trockenadiabatische Luftschicht bei ausgeprägtem Flugwetter durch eine Inversion in der vertikalen Ausdehnung begrenzt. Im Gegensatz zu den Mittelgebirgen und zum Flachland, wo die Thermik- und meist verbunden die Quellwolkenentwicklung am häufigsten durch diese Inversion (= Sperrschicht) gebremst wird, ist es bei guten Lagen im Alpenraum so, daß die Überentwicklung öfter durch Abtrocknen und seltener durch eine Inversion verhindert wird.

Natürlich ist die Thermik anfangs noch zu schwach ausgeprägt und vertikal nicht mächtig genug, um für den Flug nutzbar zu sein. Erst wenn die Aufwindschicht mindestens 600 m hoch mächtig ist, ist auch die Thermik ausreichend entwickelt, um die Fluggeräte in der Luft zu halten.

Dieser Zeitpunkt wird als *Beginn der nutzbaren Thermik* bezeichnet.

Kühlt sich eine aufsteigende Thermikblase bis zur Sättigung ab, so setzt *Kondensation* ein. Dadurch werden die Thermikblasen vom Kondensationsniveau an als Quellwolke sichtbar. Die beschleunigte Aufwärtsbewegung wird durch die nachfolgende Vermischung der Wolkenluft mit der einbezogenen Umgebungsluft zur Verdunstung von Wolkentröpfchen führen. Dadurch wird die beschleunigte Aufwärtsbewegung reduziert und es können sogar rund um die Wolke Abwärtsströme entstehen. Erfahrungsberichte zeigten, daß unmittelbar unter der Quellwolkenbasis eine stabile Schicht anzutreffen ist, in der die Flugbedingungen schwierig sind. Die Mächtigkeit dieser »Filterschicht« (= sub cloud layer) beträgt im Durchschnitt 50 bis 200 m. Wie gesagt, wirkt sie wie ein Filter, der nur die stärksten Aufwindblasen hindurchläßt, welche dann zur Bildung von Quellwolken führen.

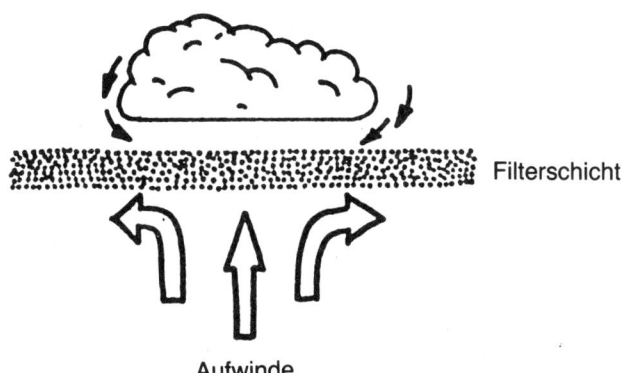

Filterschicht

Aufwinde

Windeinfluß

Die Zeit, die die Luft über einer möglichen potentiellen Thermikquelle verbringt, ist von der Windgeschwindigkeit und der wind-
geschützten Lage des thermikbildenden Ortes abhängig. Bei
schwachem Wind oder gar Windstille spielt die unterschiedliche
Erwärmung des Geländes die entscheidende Rolle. In einem
Getreidefeld kann die Temperatur beispielsweise an einem Strah-
lungstag bis zu 3° C über der Temperatur liegen, die sich im
Bereich der höheren Windgeschwindigkeit über den Ähren des
Getreides einstellt. In Kartoffelfeldern liegt die Tageshöchsttem-
peratur bis zu 5° C höher als die in der Umgebung. Sonnenbeschienene Gebiete, die sich im Windschatten befinden, sind meist
aktive Thermikquellen. Dazu zählen beispielsweise die Leeseiten
von Gebirgen, kleinere Ortschaften und Berghänge im hügeligen
Gelände. Die häufigsten auslösenden Faktoren, die den nötigen
Impuls zum Ablösen der Thermikblasen liefern, sind nach Reichmann

infolge Temperaturgegensätze
– Bergkanten (unterschiedliche Aufheizung der Flanken)
– Waldkanten
– Schneegrenzen im Hochgebirge
– Wasserufer

infolge örtlich sehr hoher Temperaturen
– Feuer
– Industrieanlagen (besonders Stahlwerke)

infolge Bewegung
– Fahrzeuge

14

- Windenstart
- Luftbewegung durch bereits vorhandene Konvektion.

Bei *mäßigem* Wind wird die Thermik sowohl durch örtlich überhitzte Gebiete als auch durch das Abreißen an Hindernissen ausgelöst. Die Auslösung an Hindernissen ist ein Grund, warum die herkömmliche Vorstellung, daß Wälder Absink- und Felder Aufwärtsbewegungen hervorrufen, allgemein nicht richtig ist. Über Wäldern findet man häufig Aufwinde, da die Waldkanten bevorzugt Gebiete der Thermikauslösung sind und die Bärte mit dem Wind versetzt über Wäldern anzutreffen sind. Aus der Erfahrung heraus ist festzustellen, daß Kahlschläge häufig Ausgangspunkte besonders kräftiger Aufwinde sind. Wälder können aber auch direkt Aufwindquellen sein. So kann sich die bodennahe Luft in den sandigen, lichten Kiefernwäldern nahezu unbeeinflußt vom Wind aufheizen. Ähnliches gilt im Frühjahr für die dann noch *laubfreien Wälder* des Mittelgebirgsraumes und der mittleren Lagen der alpinen Gebiete. Nach Müller/Kottmeier kann die Geländeneigung ebenfalls zum wesentlichen Faktor bei der Auslösung werden. Die Sonnenhänge erwärmen sich stärker und sind besonders dann thermikauslösend, wenn sie im Luv liegen. Vielfach ist dann der Grat des Berges oder der Wechsel im Bewuchs der Auslösepunkt der Thermik.

Generell ist die Entwicklung von Thermik und Konvektion vom Windfeld der bodennahen Luftschicht abhängig:

Vertikale Windscherung
größer 2 km/h pro 100 m: schlechte Thermik
größer 4 km/h pro 100 m: keine Thermik (damit auch keine Gewitterwolkenbildung mehr wahrscheinlich)

Vertikale Windscherung und Bodengeschwindigkeit

Eine zusätzliche Abhängigkeit von der Stärke des Bodenwindes zeigt das folgende Nomogramm, wobei angefügt werden muß, daß bei stärkerem Wind die Thermikblasen bereits vom Erdboden abgerissen werden, bevor sie den nötigen Auftrieb aufweisen.

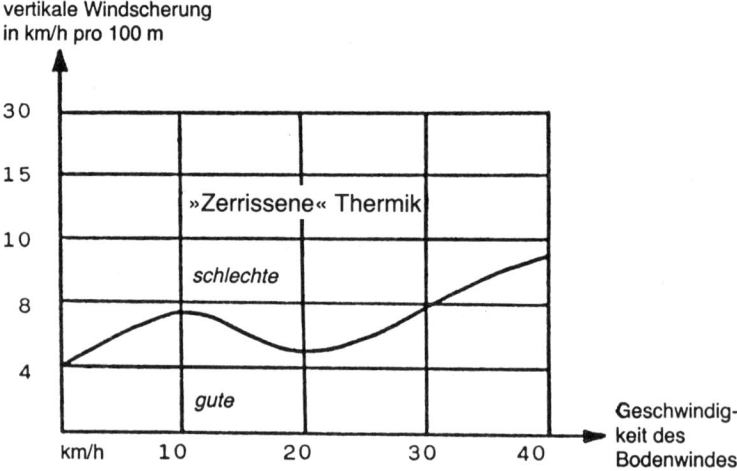

Solche häufigen Thermik-Ablösungen vermindern die Stärke der einzelnen Aufwinde. Außerdem ist bei starkem Wind die Durchmischung der Bodenluft mit höheren Schichten so stark, daß sich die Bodenwärme rasch auf eine relativ dicke Schicht verteilt. Dadurch bilden sich sehr viel seltener wirksame Quellen überhitzter Bodenluft aus und damit kaum starke, großflächige Aufwinde. Man spricht dann von *zerrissener* Thermik, wenn die Aufwinde, die sich bei stärkerem Wind gebildet haben, nicht in einem gut ausgebildeten Cumulus enden, so daß ihre Lebensdauer verhältnismäßig gering ist.

Störungen der Thermik werden verursacht, wenn eine vertikale Windscherung vorhanden ist, was bedeutet, daß der Wirbelring selten gut ausgebildet ist. Unter Windscherung versteht man den

16

Einfluß von Windrichtungs- und/oder Geschwindigkeitsänderungen mit der Höhe! In Großbritannien hat man bei Untersuchungen festgestellt, daß das Befliegen von Thermik ab einer vertikalen Geschwindigkeitsscherung von 2 bis 3 km/h zwar möglich, aber sehr schwierig ist. Das bedeutet, daß jede Geschwindigkeitszu- oder -abnahme von mehr als drei km/h pro 100 m Höhe bereits für den thermischen Flug störend wirkt!

Beispiele der brit. Untersuchung von Findlater

Höhe der Thermik-schicht in m GND	Bodenwind in km/h	Höhenwind an der Thermik-obergrenze	vert. Wind-scherung km/h pro 100 m	Pilotenberichte über Thermik
1100	NW 05	NW 10	0.7	mäßig, gut ausgeprägt
1100	E 15	NE 23	1.0	mäßig, gut ausgeprägt
1100	NE 20	E 55	3.1	nicht gut ausgeprägt
1100	SW 18	SW 63	4.4	sehr turbulent, nicht nutzbar
1200	still	NW 05	0.5	eng, stark
1200	E 25	E 21	0.9	stark
1200	E 18	SE 27	1.8	stark, aber zerrissen
1200	W 30	NW 52	2.7	stark, kaum nutzbar
1500	W 23	W 22	0.1	mäßig, leicht nutzbar
1500	SW 09	SW 16	0.8	mäßig, leicht nutzbar
1500	SW 35	W 67	2.3	mäßig, sehr schwer nutzbar

Die Quintessenz daraus lautet: Bei schwachen Winden ist meist gute Thermik vorhanden. Die vorwiegende Windrichtung hängt vom Sonnenstand ab und dreht sich – vor allem im Bergland – in die Hangflanken, die am stärksten angestrahlt sind. An Kanten und Mulden, die möglichst günstig zur Sonne liegen und eventuell noch im Bewuchs wechseln, ist am ehesten mit Ablösungen zu rechnen.

Bei *kräftigem Wind* sind in flachem und bergigem Gelände Unterschiede festzustellen. In flachem Gelände ist es allgemein weniger turbulent. Dadurch sind die Aufwinde leichter ausfliegbar. Man muß aber klar erkennen, daß es kaum mehr Ablösungen durch reine Überhitzung gibt, sondern den Hindernissen, wie z. B. Waldkanten, kommt die Aufgabe der Thermikablösung zu. Aufgrund der Hindernishöhen ist die Thermik im Bergland wesentlich turbulenter und nur Aufwinde mit ausgedehnten Wärmequellen sind gut ausfliegbar. In dieser Situation sind markante Auslösepunkte im Luv bevorzugt anzufliegen. Hier eignen sich besonders »Düsen« und Hangeinschnitte, wo nämlich die Strömung beschleunigt wird. Besonders zu beachten sind auch die abgeschatteten Gebiete durch Wolkenfelder. Es ist aber doch klar, daß man als wichtigste Entscheidung trifft, nur sonnenbeschienene Gebiete anzufliegen. Es ist nämlich seit langem bekannt, daß in abgeschatteten Gebieten die Oberflächentemperatur sehr rasch absinkt und keine thermischen Ablösungen mehr zuläßt. Nicht vergessen werden darf, daß in einer homogenen und fast nicht gegliederten Landschaft die wenigen vorhandenen Auslösepunkte dann auch sehr sichere Thermikablösestellen sind. In großen Waldgebieten sind Lichtungen ebenso sichere Thermikquellen wie Düsen an Berghängen, welche auch mit relativ geringem Risiko noch verhältnismäßig niedrig angeflogen werden können.

Beim Fliegen muß man »in Gedanken spazierengehen, um die thermikfördernden Stellen zu lokalisieren«. Dies bedeutet die Wahrscheinlichkeit zu bedenken, die ein angeflogener Thermikauslösepunkt hat!

Die nachfolgenden Zeichnungen geben Anhaltspunkte über Thermikauslösungen und Eigenarten der thermischen Entwicklungen.

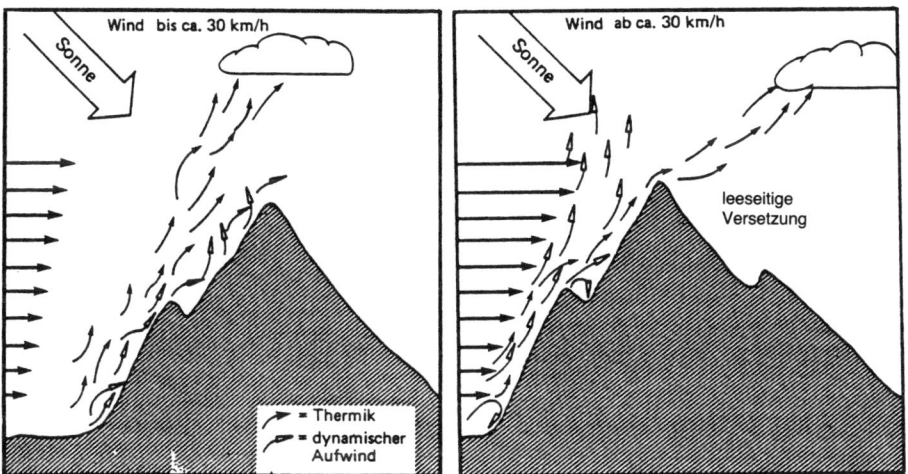

Luvthermik: Sonne und Wind treffen aus der gleichen Richtung auf einen Hang. Dadurch wird die Thermikentwicklung vor dem Hang gestört. Sie vermischt sich nahe am Hang mit den dynamischen Aufwinden und verstärkt diese.
(Nach Kalckreuth)

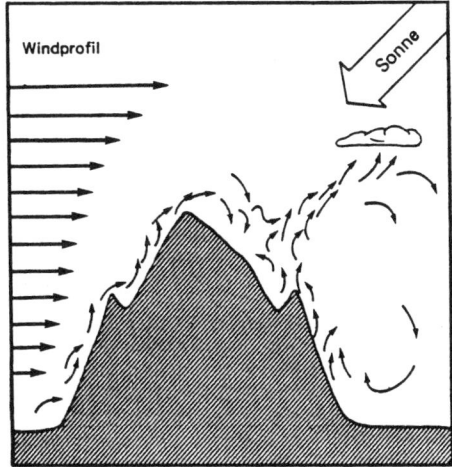

Leethermik: Hier wirken Wind und Einstrahlung gegeneinander auf die beiden Bergflanken! (Nach Kalckreuth)

19

Thermikbeeinflussende Faktoren

Fühlbarer Wärmestrom

Für den *Drachen- und Segelflug* ist der *fühlbare Wärmestrom* der entscheidende Faktor, da er die dazu notwendige Energie liefert. Der fühlbare Wärmestrom setzt sich zusammen aus
– dem molekularen Wärmetransport
– dem turbulenten Wärmetransport
– der Konvektion.

Durch den molekularen Wärmetransport erwärmt sich die dem Erdboden unmittelbar aufliegende Luftschicht, durch Turbulenz und Konvektion die höheren Luftschichten.
Die *thermische Aktivität* ist von folgenden Größen abhängig:

Globalstrahlung

Dies ist die Summe aus direkter Strahlung und diffuser Sonnenstrahlung. Je nach Bodenbeschaffenheit absorbiert die Erdoberfläche einen mehr oder weniger großen Anteil der einfallenden Globalstrahlung. Die Globalstrahlung selbst ist abhängig
– von der Sonnenhöhe bzw. dem Einfallswinkel der Strahlung
– vom spezifischen Gehalt der Luft (Menge pro kg Luft) an absorbierenden und streuenden Substanzen wie Wolken und Aerosolpartikeln.

Einfallswinkel der Strahlung

Schwankungen des Einfallswinkels der direkten Strahlung (des hauptsächlichen Anteils der Globalstrahlung bei Flugwetter), ergeben sich durch
- jahres- und tageszeitliche Änderungen der Sonnenhöhe
- unterschiedliche Neigungen und Himmelsrichtungen vor allem der Berghänge.

Die jahres- und tageszeitlichen Änderungen des Sonnenstandes (= Sonnenhöhe) und ihr Einfluß auf die Globalstrahlung bestimmen die Flugsaison und die tägliche Dauer des thermischen Fluges.

Im Flachland umfaßt die Thermiksaison die Zeit von Ende März bis Ende August und die fliegbare Thermik beginnt morgens nach Auflösung der Bodeninversion und endet etwa 1,5 bis 4 Stunden vor Sonnenuntergang, je nach Wettersituation. Dazu aber später noch mehr.

Die thermische Tätigkeit ist bei gleichem Untergrund über einem unregelmäßigen Bodenrelief größer als über ebenem Gelände. Günstig exponierte Hügel- und Bergflanken bieten nicht nur die Möglichkeit einer intensiveren Bestrahlung, sondern sie erhöhen auch die Möglichkeit für die orographische Auslösung von Thermikelementen durch Hangaufwinde und die erzwungene Hebung auf der Luvseite.

Die Ausrichtung einer geneigten Fläche nach einer Himmelsrichtung bestimmt den Betrag und den Zeitpunkt des Tageshöchstwertes der Lufttemperatur. Im Jahresmittel sind Süd-, Südwest- und Westhänge am wärmsten. Im Sommer wird nicht der Süd-, sondern der Südosthang am stärksten aufgeheizt. Dies rührt von der sich im Tagesverlauf eingestellten Menge der Quellbewölkung her!

Es ergeben sich (nach Shul'gen) folgende Bewertungen für die Streichrichtung der Hänge und den Faktor der Erwärmung:

Ausrichtung	Erwärmungsfaktor
Nord	1,0
Ost	1,2
Süd	1,4
West	1,3

Von großer Bedeutung ist außerdem die Hangneigung der Gebirgsflanken, da die Bestrahlungsstärke ja von der Sonnenhöhe abhängt. Die jeweilige Neigung beeinflußt den Energiebetrag der Einstrahlung, der pro m² der Erdoberfläche zur Verfügung steht. Untenstehende Abbildung zeigt, daß bei der Hangseite, die mit einem Winkel von 45° zur Sonne ausgerichtet ist, die zugeführte Strahlungsenergie auf den 0,7ten Teil einer Fläche im ebenen Gelände verteilt wird. Die der Sonne abgewandte Seite erhält gar keine direkte Strahlung, sondern nur gestreutes Licht. Es ist aber deshalb noch nicht erklärt, warum ein kleinräumig stark gegliedertes Gelände im allgemeinen für die Thermik günstiger ist als ein flaches Gebiet.

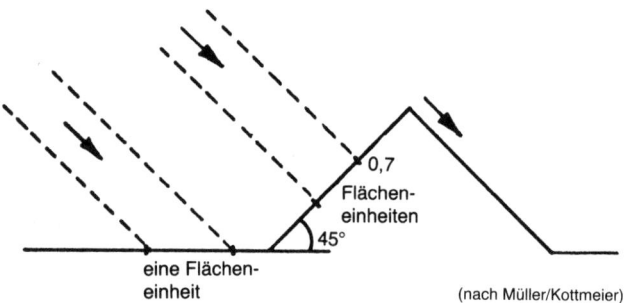

(nach Müller/Kottmeier)

Gebirgseinfluß

Eine erste Ursache dürfte darin begründet sein, daß die vor allem nachts sich bildende Kaltluft von den Bergflanken talwärts abfließt und sich dort oder in Mulden sammelt. Deshalb muß bei Einstrahlungsbeginn in der Frühe an den Bergflanken auch keine bodennahe Inversion aufgelöst werden, so daß die Energie der

Sonnenstrahlung sofort für die Erwärmung der Erdoberfläche zur Verfügung steht. Als zweiten Grund müßte man den Absaug-effekt von bergigem Gelände erwähnen, der auf die Luft im umgebenden flacheren Gelände ausgeübt wird. Somit werden die an den günstigen Hangseiten sich bildenden Aufwinde nicht nur durch die Luft aus den Tälern, sondern auch durch nachströmende Luft aus dem flacheren Vorland gespeist.

Durch kompensierende Absinkvorgänge wird die Thermik deshalb im angrenzenden Flachland gedämpft, während sie – wie erwähnt – im Bergland intensiviert wird. Als dritter Punkt spielen aber auch die häufigeren Möglichkeiten zur orographischen Thermikauslösung eine wichtige Rolle.

Eine weitere, nicht unbedeutende Rolle spielt außerdem die Oberflächengestalt der Erde, die konvexe oder konkave Formen aufweisen kann. Bei konkaver Oberflächengestalt kann Schatten-wurf auftreten, so daß in diesem Bereich mit niedrigeren Temperaturen gerechnet werden muß als bei konvexen Formen. Aus diesem Grunde spielt bei konkaven Formen der Untergrund eine größere Rolle. Ein »Rücken« ist gegenüber einem flachen Feld wärmer (Faktor 1,1), ein konkaves Tal kühler (Faktor 0,9 bis 0,7).

Es läßt sich sagen, daß – abgesehen von der Bodenart – geeignete Thermikquellen vor allem in den Mittagsstunden in hügeligen Hochflächen oder an süd- bis südwestlichen und nicht zu steilen Höhenzügen zu finden sind.

Wie eben festgestellt, ist der direkte Strahlungsanteil der Globalstrahlung für die starke Aufheizung des Erdbodens verantwortlich. Bei niedrigerem Sonnenstand und/oder durch absorbierende und streuende Substanzen (Staub) wird die direkte Strahlung aufgrund des langen Strahlungsweges durch die Atmosphäre geschwächt, somit wird auch die thermische Aktivität entsprechend geringer oder erlahmt vorzeitiger. Dunst, Staub oder Industriebeimengungen können vor allen Dingen vormittags und spätnachmittags die Konvektion nahezu unterdrücken.

Große Industriegebiete zerstören mitunter bei schwachwindigen Hochdrucklagen in einem Umkreis von zig-km die Thermik.

Bewölkungseinfluß

Der Franzose R. Vaillant hat statistisch nachgewiesen, daß bei einem Bedeckungsgrad von ⅝ und größer die Thermik entsprechend der beobachteten Wolkengattung abgeschwächt oder sogar völlig unterdrückt wird. Dementsprechend geringer sind dann auch die Steiggeschwindigkeiten der Fluggeräte.

Bedeckungsgrad	Steigwerte m/s		
	Sc	Ac, As	Ci, Cs
5/8	1,6	≤ 1,0	≤ 1,5
6/8	1,2	≤ 1,0	≤ 1,5
7/8	0,7	≤ 1,0	≤ 1,0
8/8	0,2	≤ 1,0	≤ 1,0

Reflexion

Je nach Bodenbeschaffenheit absorbiert die Erde einen mehr oder weniger großen Anteil der einfallenden Strahlung. Der nicht absorbierte Teil wird von der Erdoberfläche durch Reflexion wieder zurückgeworfen. Der sich dabei aus der gesamten reflektierten Strahlung und der Globalstrahlung ergebende Quotient heißt *Albedo*. Die nachfolgende Tabelle zeigt Albedowerte verschiedener Bodenarten, ausgedrückt in %.

Bodenbeschaffenheit	Albedo (%)
Asphalt	5 bis 10
Beton	17 bis 27
Laubwald	10 bis 20
Nadelwald	5 bis 15
Getreidefelder	15 bis 25
Gras	10 bis 20
Schwarzerde	5 bis 15
Feuchter Tonboden	10 bis 20
Trockener Tonboden	20 bis 35
Trockener Sand	35 bis 45
Nasser Sand	20 bis 30
Frischer Schnee	75 bis 95
Altschnee	40 bis 70
Savanne	15 bis 20
Wüste	25 bis 30

Bodenwärmestrom

Der Bodenwärmestrom gibt eine Aussage über die Wärmespeicherung des Bodens, nämlich wieviel der zugestrahlten Energie in tiefere Bodenschichten geleitet wird und wieviel Wärmeenergie zur Aufheizung der Oberflächenschicht verbleibt. Die thermischen Eigenschaften verschiedener Böden oder Gesteine ergeben sich aus der spezifischen Wärmekapazität und der Wärmeleitfähigkeit dieser Materialien. Für einen großen Strom fühlbarer Wärme ist eine hohe Oberflächentemperatur erforderlich, die bei Böden mit geringer Wärmekapazität und geringer Wärmeleitfähigkeit gefordert wird. Geringe Wärmekapazität bedeutet, daß ein Volumen von einem m^3 nur wenig Energie bei einer Erwärmung um 1° benötigt. Geringe Wärmeleitfähigkeit heißt, daß die Isolation zum tieferen Boden gut ist und wenig Wärme dorthin strömt. Aus dem thermischen Verhalten verschiedener Bodenarten ist zu ersehen, daß Wärmeleitfähigkeit und spezifische Wärmekapazität mit dem Wassergehalt des Bodens steigen. Gestein enthält kein Wasser, so daß über nacktem Fels trotz der hohen Wärmeleitfähigkeit die thermische Aktivität groß ist. Die hohe Leitfähigkeit bewirkt außerdem, daß die Thermik über Gestein zum Abend hin länger anhält.

Aber nicht nur der Wassergehalt, sondern auch der Luftanteil im Erdboden spielt eine wichtige Rolle, da ja die Wärmeleitfähigkeit der Luft 20mal geringer ist als die des Wassers. Je größer also der Luft- und je geringer der Wasseranteil des Bodens, desto geringer ist die Wärmeleitfähigkeit und damit um so stärker die Aufheizung der obersten Bodenschicht. Pflanzen sind in der Regel schlechte Wärmeleiter. Während ihrer Entwicklung schwankt ihr Wasserhaushalt und mit ihm die Wärmeleitfähigkeit. Abgestorbene Vegetation weist eine extrem kleine Wärmeleitfähigkeit auf, während grüne Vegetation mäßig groß wärmeleitend wirkt. Es ist ja bekannt, daß die Verdunstung großer Pflanzen beträchtlich ist. So verdunstet beispielsweise ein großer Laubbaum im Sommer bis zu 3 t Wasser pro Tag! Auf feuchtem

Untergrund ist die Verdunstung der Pflanzen im allgemeinen größer als auf trockenen Böden. Etwa 30 % der durch die Einstrahlung gewonnenen Wärmeenergie wird wieder zur Verdunstung benötigt. Je geringer also die Bodenfeuchte, desto weniger Wärmeenergie muß für die Verdunstung aufgewandt werden, so daß mehr Energie für die Aufheizung der obersten Erdbodenschicht zur Verfügung steht. Ist der Boden feucht, so wird Wärmeenergie zur Verdunstung des Wassers verbraucht, so daß der Temperaturanstieg noch geringer ist als man es aufgrund der Wärmeleitfähigkeit vermuten dürfte. Somit beeinflußt die Bodenfeuchte den Strom der fühlbaren Wärme nicht nur über die Veränderung der Wärmeleitfähigkeit, sondern auch direkt über die Verdunstung. Je wasserärmer die Pflanzen sind, desto besser die Thermik! Nadelwald ist gegenüber Laubwald aus diesem Grunde thermisch ergiebiger, Heidegebiete besser als der Wald. Beispielsweise erfordert die starke Verdunstung einer frisch gemähten Wiese viel Wärme; ist es aber Heu, so bildet es eine wärmeisolierende Schicht und damit auch eine Verdunstungssperre, so daß Heu zur Thermikquelle werden kann.

Laub stellt ebenso eine wärmedämmende Schicht und somit eine Sperrschicht für die Verdunstung dar. Auf der anderen Seite neigen dichte Getreidefelder und bewaldete Gebiete dazu, die Wärme länger zu speichern und sie abends freizugeben, wenn sich der unbewachsene Boden bereits abzukühlen beginnt. Der belgische Meteorologe Yves Collier führte an Strahlungstagen Temperaturmessungen durch, welche die Temperaturen der bodennahen Luftschicht (2 bis 5 cm) zum Inhalt hatten. Die folgende Tabelle zeigt ein Beispiel dieser Temperaturmessungen über unterschiedlichem Untergrund:

Lufttemperatur	18,0° C
Sumpfboden, kleine Wälder	13,0° C
Grasflächen	18,1° C
trockener Sand	23,8° C
Landebahn (1 m Höhe)	28,7° C

Statistische Untersuchungen des Verfassers zeigten, daß der Folgetag von Niederschlagstagen mit $\geq$ 5 Liter/m^2 für den Thermikflug ungeeignet sind, es sei denn, kräftiger Luftdruckanstieg und die Zufuhr sehr trockener Luftmassen helfen die »feuchte« Wetterlage zu verbessern. Diese Aussage belegen häufig auch Satellitenaufnahmen, welche die »feuchte« Spur von kräftigen Schauern oder Gewittern zeigen, welche sich sehr deutlich von der trockenen Umgebung abhebt.

Umkehrthermik

Diese Thermik, die Wärmeenergie loslöst, die tagsüber gespeichert wurde, ist im Bergland und in den Alpen vermehrt zu finden, wenn es sich um ungestörtes Hochdruckwetter handelt. Mit sinkendem Sonnenstand tritt bereits eine Abkühlung der höheren Bergflanken ein. Die kalten Hangabwinde lösen dabei die Wärme vom Hang ab. Bei flach verlaufenden Hängen kann bereits am späten Nachmittag in Hangmitte die Ablösung erfolgen, so daß kleine Warmluftpakete, die durch die kältere, abfließende Luft abgehoben werden, zu geringen Steigwerten an den Talflanken führen können. Am Abend erreichen schließlich die kalten Luftströme das Tal und sorgen dafür, daß die hier tagsüber gespeicherten Wärmeenergien zum Aufsteigen etwa in Talmitte gezwungen werden, wobei diese Aufwinde zu der zuletzt beschienenen Hangseite leicht versetzt sind. Gerade feuchte Talauen haben eine enorme Speicherfähigkeit von Wärmeenergie. Sicherlich darf man keine Supersteigwerte erwarten. Selbstverständlich kann man örtlich 2 bis 3 m/s Steigen antreffen, meist wird man jedoch froh sein müssen, durchschnittlich einen »Nullschieber« über 15 bis 30 Minuten zu erfliegen.

Aufwindstärke

Je höher die Aufwinde reichen, desto größer ist auch das mittlere Steigen. Bei gut ausgeprägter Quellbewölkung nimmt das Steigen in den letzten 100 m unter der Basis im allgemeinen zu. Der Absaugeffekt ist hierfür die Ursache, in diesem Falle das stärkere Aufsteigen in der Wolke durch die freiwerdende Kondensationswärme. Dies wirkt sich natürlich auch auf das mittlere Steigen aus, so daß gelten muß: Unter besser ausgebildeten Quellwolken ist auch das mittlere Steigen größer. Es zeigt sich statistisch, daß die Steiggeschwindigkeiten regionale Unterschiede aufweisen. Hier übt offensichtlich das Aufheizvermögen der Erdoberfläche seinen Einfluß auf die Thermikstärke aus. Je stärker die Aufheizung der Erdoberfläche, desto stärker das Steigen und um so höher reichende Thermik! Die Orographie, die Bodenart und -feuchte sowie die Vegetation sind die typischen bodenspezifischen Thermikstärkefaktoren.

Folgendes Schema gilt nach wie vor als verläßlichstes:

Thermikart	max. Höhe der Cu bzw. Blauthermik	mittleres Steigen
Blauthermik	1 km	1 m/s
	2 km	2 m/s
	3 km	3 m/s
Thermik mit kleinen Cu	1 km	1,2 m/s
	2 km	2,4 m/s
	3 km	3,6 m/s
Thermik mit stärkeren Cu und anhaltender Kaltluftzufuhr	1 km	1,5 m/s
	2 km	3,0 m/s
	3 km	4,5 m/s

Für das maximal zu erwartende Steigen kann man veranschlagen: *Im Flachland* kann man zum mittleren Steigen etwa ⅔ dieses Wertes addieren und erhält etwa das maximale Steigen. Im *Alpenraum* gilt: Doppeltes mittleres Steigen ergibt die Höchstwerte des Steigens.

Um diese Angaben nutzen zu können, fehlt nur noch das Wissen über die Wolkenhöhe. Am Boden kann man die Basis bei Quellwolkenbildung mit Hilfe eines Psychrometers bestimmen, wobei gilt: Basishöhe in m über Grund = (Temperatur minus Taupunkt) mal 125.

Angaben über Basishöhen erfährt man auch aus dem Segelflugwetterbericht.

Eine Untersuchung von Konovalov läßt den Schluß zu, daß der Bedeckungsgrad an Quellbewölkung einen wesentlichen Einfluß auf den Tagesgang der Thermik hat. Bei am Morgen rasch zunehmender Quellbewölkung mit einem Bedeckungsanteil von mehr als ⅝ ist gegen Mittag häufig mit einem vorübergehenden Nachlassen der Thermik, der sogenannten »Mittagsflaute«, zu rechnen.

Thermikdauer

Es gibt nur sehr aufwendige Methoden um festzustellen, wie lange die Thermik abends exakt andauert.

Als Erfahrungswert sollte dienen, daß die Thermik etwa 1 bis 2 Stunden vor Sonnenuntergang durch die bereits wieder abnehmende Bodentemperatur unterbunden wird, da ja die tiefstehende Sonne den Erdboden – ausgenommen der tiefstehenden Sonne zugewandte Hänge – kaum mehr erwärmt. Empirisch gefundene Angaben sind meist noch am treffendsten, wie z. B. folgende: Je später die Thermik früh bei normalem Hochdruckwetter beginnt, desto früher endet sie abends!

Pro Hochdrucktag beginnt die Thermik in der Regel früh zirka eine Stunde später und hört abends um diese Zeit früher auf. Dies hängt mit der Alterung der Luftmasse und der Verstärkung der Inversion zusammen. Bei anhaltender Kaltluftzufuhr mit labiler Luftmasse endet die Thermik erst mit Sonnenuntergang. Wird Warmluft herangeführt, klingt die Thermik am frühen Nachmittag, meist wenige Stunden nach Sonnenhöchststand, ab. Auch die Wolkenmächtigkeit übt Einfluß auf die Thermikdauer aus. So ist die Thermik in Verbindung mit mächtigeren Quellwolken langlebiger als bei flachen Cumuli oder Blauthermik.

Generell wirkt sich auch der Wind auf die thermische Aktivität aus, da er auch Warmluftpakete ablöst, die noch nicht genügend aufgeheizt waren, um selbst gute Thermiksäulen hervorzurufen.

Wird Thermik in gleichmäßigen Gelände abgelöst, so wird der Wind dafür sorgen, daß diese Thermikquelle mit dem Wind wandert und unterwegs auch weniger gute Thermikkörper aufsaugt und einsammelt.

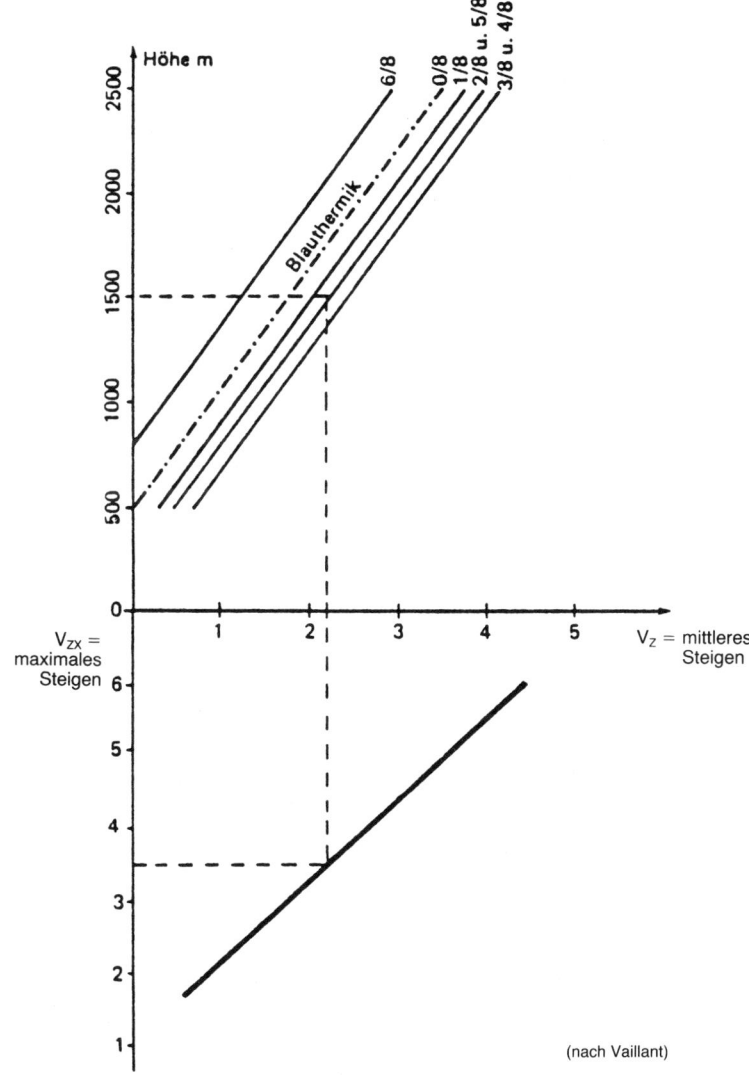

(nach Vaillant)

Die Abbildung zeigt die Abhängigkeit des mittleren Steigens von der Bedeckung, wobei auch das maximale Steigen ersichtlich ist.

31

Die folgenden Zeichnungen zeigen die Möglichkeiten der Thermikablösung im Gelände bei entsprechendem Windprofil, d. h. einer allgemeinen Windzunahme mit der Höhe.

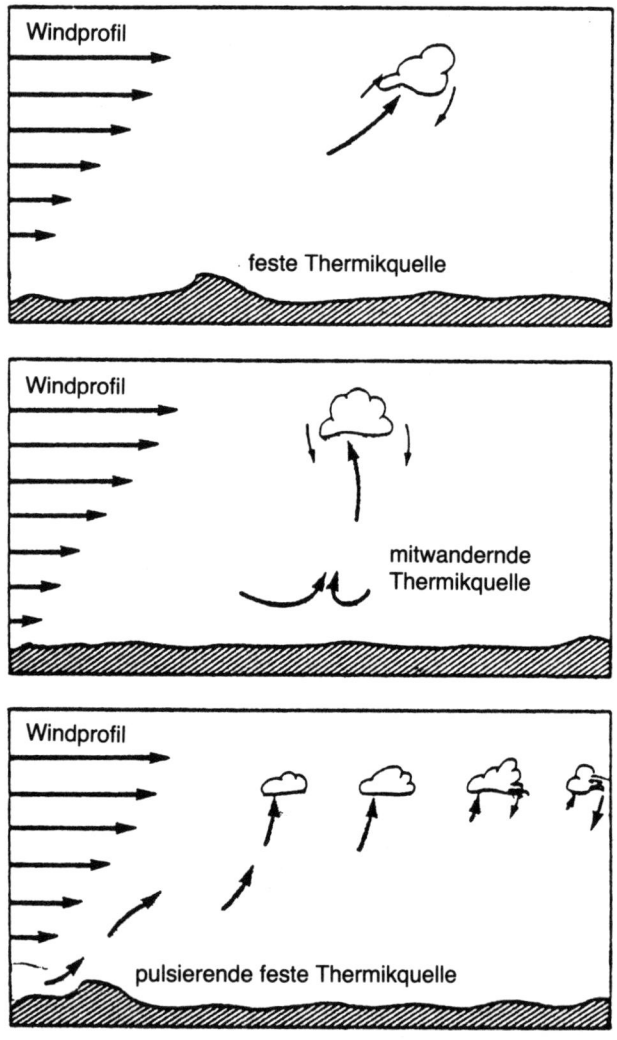

(nach Prof. Reichmann)

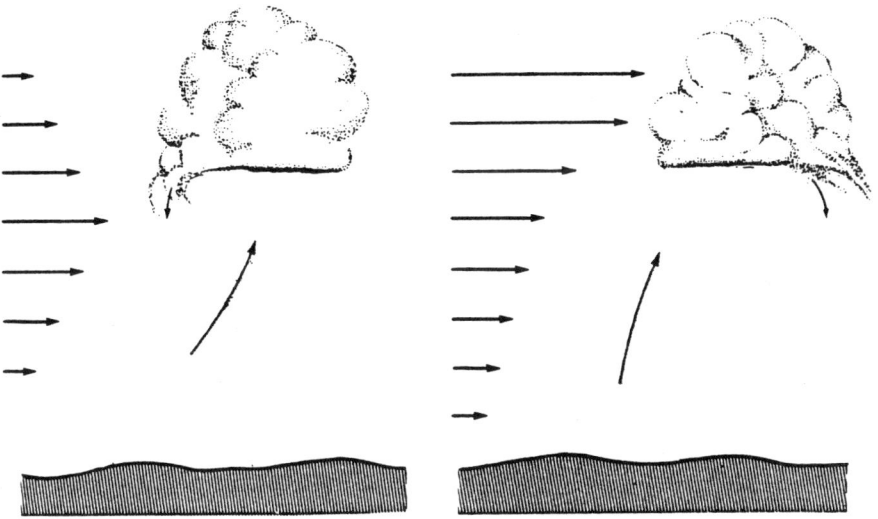

(nach Prof. Reichmann)

Die Versetzung der Thermik und das beste Steigen unter der Quellwolke in Abhängigkeit vom Windgradienten (= Änderung der Windgeschwindigkeit mit der Höhe) zeigen die beiden oben stehenden Abbildungen.

Mitunter wirken nicht nur Unstetigkeiten im Bewuchs oder im Gelände thermikablösend, bisweilen übernimmt auch der Schatten einer Quellwolke diese Aufgabe, wie es nachstehende Zeichnung verdeutlicht.

Luvthermik (s. Seite 19)

Sonne und Wind treffen aus der gleichen Richtung auf einen Hang. Dadurch wird die Thermik in ihrer Entwicklung vor dem Hang gestört. Sie vermischt sich nun nahe am Hang mit den dynamischen Aufwinden und verstärkt diese. Über der Hangkante wird die Thermik sofort leeseitig versetzt. Dagegen entwickelt sich vor und über der Kante ein dynamisches Aufwindfeld. Es verstärkt sich, je geringer der Temperaturgradient ist. Übrigens – bei bewaldeten Hängen spielt auch die Baumart eine Rolle mit. Laubwald schirmt die Einstrahlung ab, so daß sich die bodennahe Hangluft nur schwach erwärmen kann. Nadelwald dagegen ist »bodenoffen« und erwärmt die Hangluft selbst intensiv durch den Nadelbesatz. Das bedeutet, daß über Nadelwaldhängen die Thermik stärker ist und auch am Nachmittag verläßlicher.

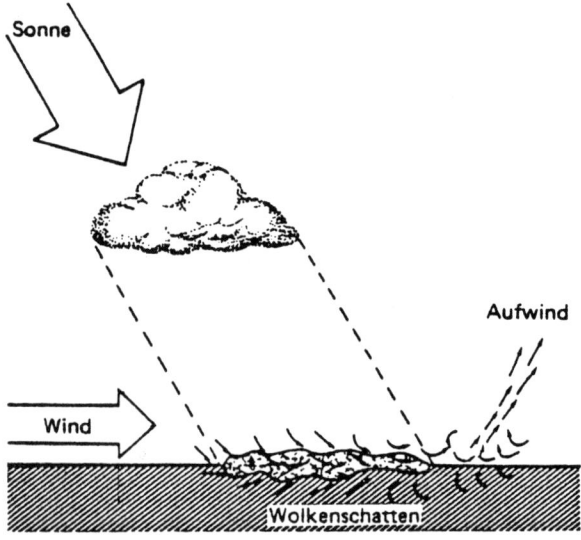

Leethermik (s. Seite 19)

Hier wirken Wind und Einstrahlung gegeneinander auf die beiden Bergflanken ein. Der dynamische Hangaufwind ist – vor allem bei höherem Temperaturgradienten – schwach, die Leethermik dafür stark, doch relativ verwirbelt. Bereits unter der Hangkante kann der Aufwindstrom in den Leebereich abgetrieben werden.

Thermikbesonderheiten

Was für den geübten Alpenflieger eine Selbstverständlichkeit ist, wird von den Fliegern über den Hügellandschaften der Mittelgebirge oft außer acht gelassen. Es ist nämlich die Tatsache, daß über Talmitten nur in den seltensten Fällen Aufwinde anzutreffen sind. Die Hänge, die durch ihre Neigung die Sonnenstrahlen senkrecht auf sie einfallen lassen, erwärmen sich natürlich erheblich stärker als die flachen Talsohlen. An diesen Hängen steigt nun die thermische Warmluft bergauf. Den Nachschub erhält der Aufwind aus der Talmitte, die ständig abgesaugt wird. Über dem Tal aber ist die Luft laufend im Sinken begriffen, und so entsteht ein fortwährender Kreislauf. Was hier als idealer Vorgang beschrieben wird, verschiebt sich in Wirklichkeit durch die Windströmung über dem Gebirge.

Nasse und besonders *breite Flußtäler* haben häufig ihre eigenen Tücken. Vielen Streckenfliegern ist es schon passiert, daß sie unbekümmert um ihre relativ geringe Höhe mit Rückenwind einen Fluß überqueren, um hinter dem Gewässer an einem Hang auf neue Ablösungen zu warten. -Unter Umständen hingen sie dann ewig lange in niedriger Höhe im Hangwind, bis es mit geringstem Steigen mühselig wieder nach oben ging. Flußtäler können, besonders dann, wenn eine Reihe von kalten Tagen vorher für die nötige Abkühlung gesorgt hatte, die gleiche Wirkung wie ein lang hingestreckter Berg haben. Im Luv, dort, wo der nasse und kalte Boden anfängt, beginnt auch eine bodennahe Kaltluftschicht, an der die sich heranwälzenden Warmluftquellen abreißen. Im Flußtal selbst wird die Auslösetemperatur nicht erreicht, die nötige Warmluftbildung unterbleibt, so daß auf der Leeseite des Gewässers keinerlei Thermik erwartet werden darf. Man sollte also vor Flüssen immer vorsichtig sein und sich bereits im Luv des Gewässers eine sichere Überflughöhe zulegen. Lag vor dem Flugtag eine Periode warmen Wetters, ist die Temperatur des nassen Flußtales relativ hoch, tritt die eben geschilderte Wirkung nicht auf. In diesem Falle kann der feuchte Grund einen gewaltigen Vorteil haben: Abends, wenn die Lufttemperatur abnimmt, gibt das Flußtal u. U. verschwenderisch seine vorher gespeicherte Wärme ab und beschert dann *Abendthermik* von beachtlicher Stärke. (Diese Erscheinung kann bei allen nassen Flächen auftreten!)

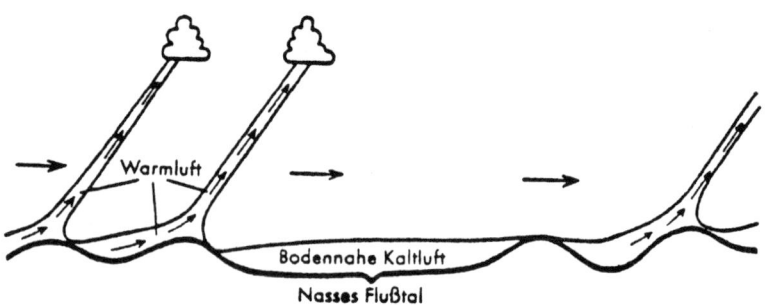

(nach Weinholtz)

36

Besonders in den Alpen kann man manchmal beobachten, daß die Thermik plötzlich scheinbar in *Stufen* auftritt. In unmittelbarer Nähe nebeneinander findet man Quellwolken, die einen Basishöhenunterschied von bis zu 500 m haben. Man fliegt also gleichsam über den Wolken. Diese Erscheinung rührt daher, daß die Cumuli ihre Energien aus verschiedenartigen Luftmassen beziehen. Diese Erscheinung kann beispielsweise am Arlberg beobachtet werden. Die aus dem Inntal als Talwind heranströmende Luft hat bis zum Arlberg einen weiten Weg zurückgelegt und sich abgetrocknet. Diese trockene Luft kondensiert erst in größerer Höhe. Von der anderen Seite kommen zum Arlberg die Luftmassen aus dem Bodenseegebiet, die von Haus aus feuchter sind. Außerdem legt die Luft vom Bodensee bis zum Arlberg einen kürzeren Weg zurück. Die feuchteren Luftmassen kondensieren in der Nähe des Arlberges in einer tieferen Höhe als die aus dem Inntal kommenden Luftmassen. Dadurch kommt es zu der eigenartigen Erscheinung der *Stufenthermik*.

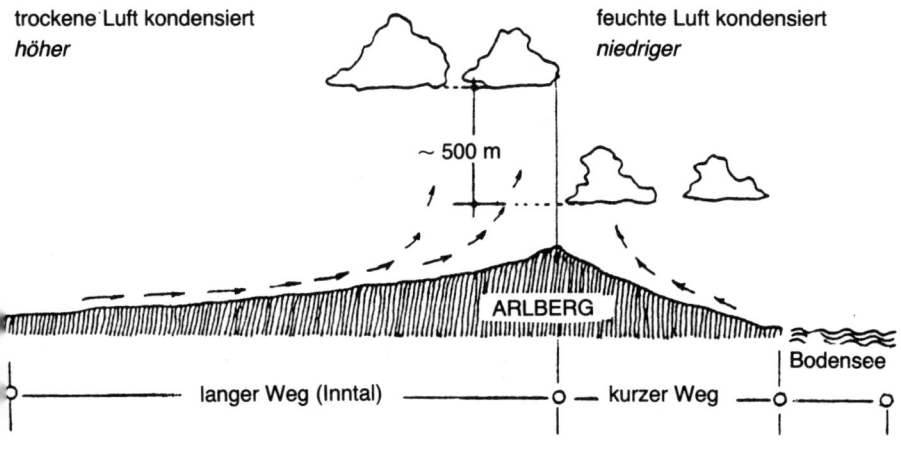

37

Alpenthermik

Festlegung der Zeit nutzbarer Thermik

Für die maximal mögliche Distanz von Streckenflügen spielt die zeitliche Dauer der nutzbaren Thermik die entscheidende Rolle. Bei der Wahl des Startortes wird daher der Pilot nach Möglichkeit Orte oder Plätze wählen, in deren Nahbereich möglichst früh nutzbare Thermik auftritt. Die Auswertung der frühestmöglichen Startzeiten zeigt die nachfolgende Graphik. Man erkennt ein nahezu lineares Ansteigen der frühestmöglichen Startzeit von Osten nach Westen. Nach Westen hin verschieben sich die möglichen Abflugzeiten um rund eine Stunde pro 100 km Entfernung. Auch die Gebiete um Timmersdorf, Trieben und St. Johann

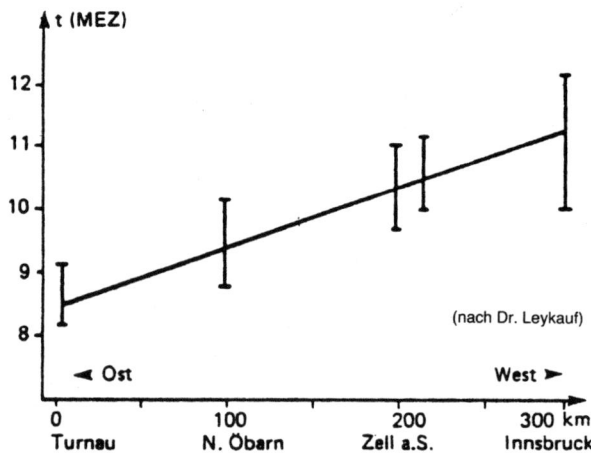

(nach Dr. Leykauf)

ordnen sich gut in dieses Schema ein. Ein Start in der Gegend von Niederöblarn oder Zell am See bringt gegenüber den weiter östlich gelegenen Plätzen nur dann Vorteile, wenn bei einem Luftmassenwechsel der Ostalpenraum morgens noch unter Schicht- oder Schichtquellbewölkung liegt. Weiter im Westen gelegene Startplätze wie Innsbruck oder Reutte sind als Ausgangspunkt für extrem lange Flüge dagegen weniger geeignet, eignen sich aber gut für Dreieckflüge.

Die Frage, ob das Konvektionsniveau um die Mittagszeit Höhen erreicht, die ein schnelles Anfliegen von Wendepunkten oder Streckenteilen über Grat- oder Gipfelhöhe ermöglicht, wird daher entscheidend für die Flugplanung. Der Höhe der Quellwolkenbasis im Tagesverlauf kommt daher besonders beim Einflug in das Oberinntal oder das Paznauntal eine große Bedeutung zu. Die folgende Abbildung zeigt den Anstieg der nutzbaren Konvek-

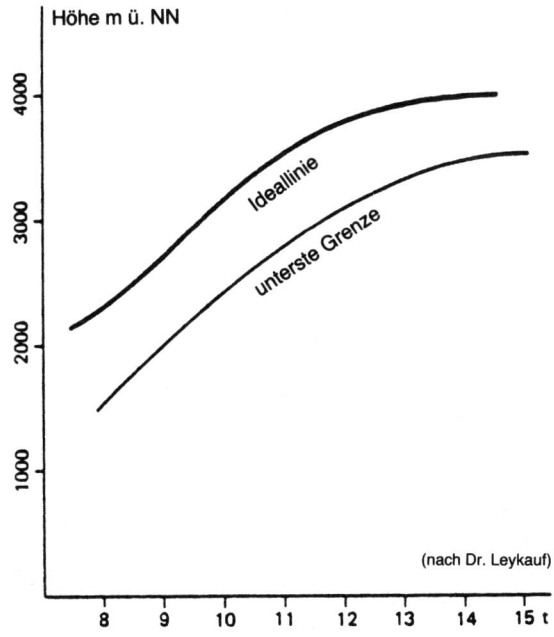

tionshöhe im Tagesverlauf (von ausgewählten Flügen von Kalckreuth, Leykauf und Haggenmiller). Obwohl eine Abhängigkeit des Konvektionsraumes von der Höhe über Normal Null physikalisch keineswegs zwingend ist, legt die Statistik eine einfache Anwendung der Ergebnisse nahe:

1. Zur Abflugszeit sollte die Basishöhe mindestens 2000 bis 2500 m über NN betragen,
2. wenn um 13.00 Uhr Sommerzeit das Konvektionsniveau nicht mindestens auf ca. 3000 m NN angestiegen ist, besteht nach der Statistik wenig Aussicht auf Erfolg des Vorhabens.

Es erscheint die Angabe eines Zusammenhanges zwischen mittlerem Steigen und Wolkenuntergrenze über NN gerechtfertigt.

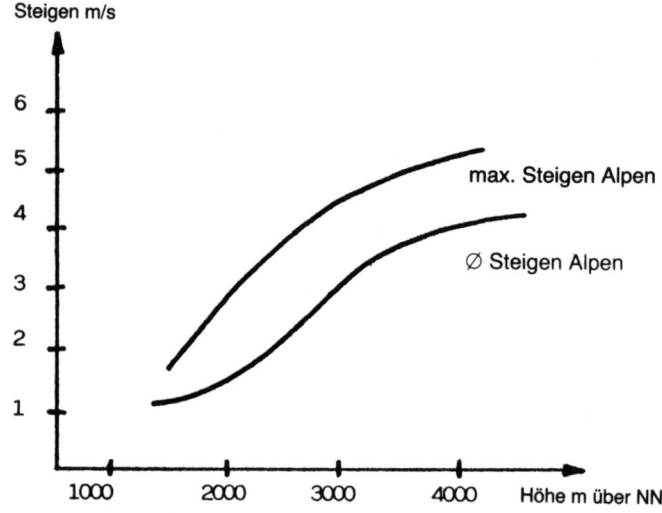

Abhängigkeit des mittleren und maximalen Steigens von der Wolkenbasis.
(Nach Dr. Leykauf)

40

Thermikstruktur in den Alpen (nach Leykauf)

Dr. Leykauf führte in den Alpen Messungen zur Erfassung der horizontalen Struktur der Vertikalkomponente thermischer Aufwinde durch. Zwar ist die Anzahl der Messungen noch zu klein für statistische Auswertungen, so sollen nachfolgend doch zwei typische Beispiele unterschiedlicher Aufwindstrukturen gezeigt werden. Die Messungen erfolgten Mitte Juni am Hochkönig in mittleren Flughöhen von 3060 m NN rund 120 bis 150 m über der Kammlinie und in rund 3600 m NN in einem zeitlichen Abstand von 8 Minuten, wobei Traversen über die gleiche Strecke der Kammlinie führte. Neben dem typischen Profil starker Thermik mit flachem Gradienten ist aber auch starke Thermik mit großem vertikalen Gradienten zu beobachten. Im Flachland treten beide Thermiktypen auch gleichzeitig auf, aber nie so unmittelbar zusammen. Diese Thermiktypen entsprechen den von Konovalov ermittelten Thermiktypen A und B.

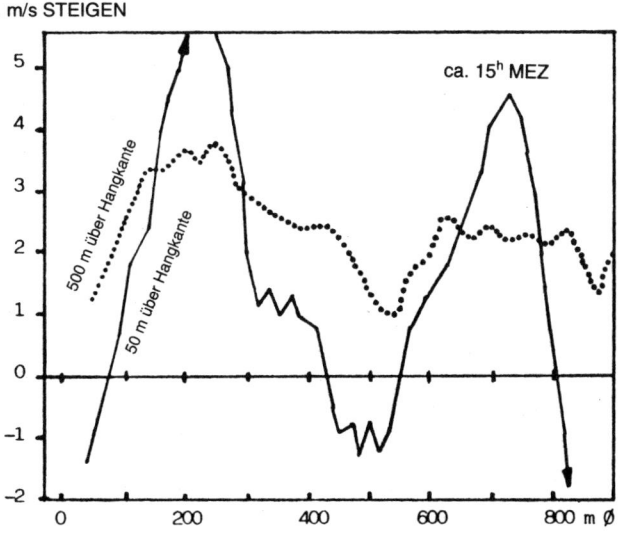

Typisches Beispiel eines alpinen Aufwindquerschnittes. (Nach Dr. Leykauf)

41

Bei seinen Meßflügen wurde auch ein durchschnittlicher horizontaler Schnitt der alpinen Aufwinde ermittelt. Das Verhältnis von weiten Aufwinden zu engen Thermikblasen verhält sich etwa wie 2,25 zu 1! Das entsprechende Diagramm zeigt folgende Abbildung, die auf der X-Achse die alpinen Aufwinde – definiert durch den Radius in m – begründet ist, während die Y-Achse das Steigen in m/s vermittelt.

Zwar ist das Datenkollektiv für gesicherte statistische Aussagen verhältnismäßig gering, doch gibt es trotzdem verwertbare Angaben.

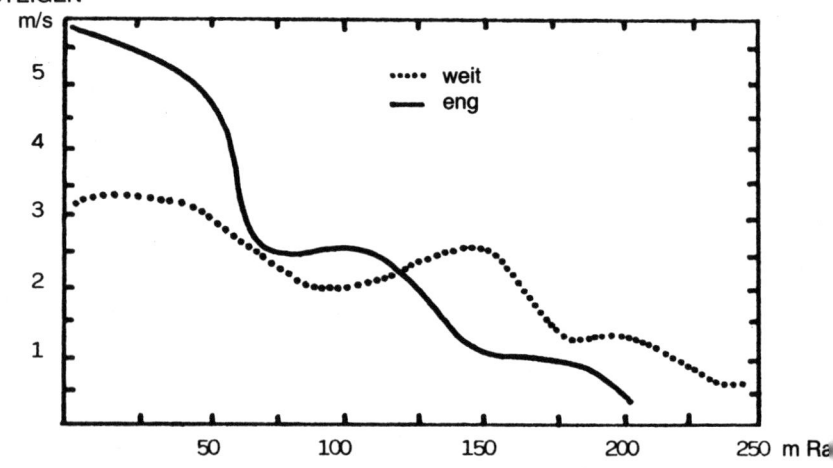

Durchschnittlicher horizontaler Schnitt alpiner Aufwinde. (Nach Dr. Leykauf)

Zu diesen gesamten Alpenthermik-Überlegungen paßt auch die weitere folgende Abbildung, die den Tagesgang des durchschnittlichen Steigens der Luft mit der festgestellten Standardabweichung zum Inhalt hat. Auch hier zeigt die Y-Achse den Betrag des Steigens in m/s, während die X-Achse von der Sommerzeit beherrscht wird.

Man darf selbstverständlich nicht davon ausgehen, daß jeder Thermiktag im Gebirge solch einen Verlauf aufzuweisen hat, doch Ähnlichkeiten sind immer wieder anzutreffen.

42

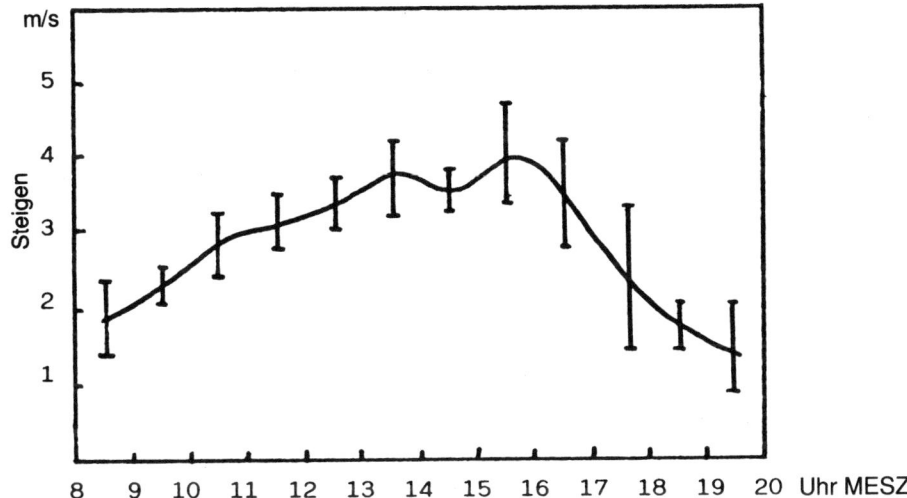

Tagesgang des durchschnittlichen Steigens der Luft mit Standardabweichung. (Nach Dr. Leykauf)

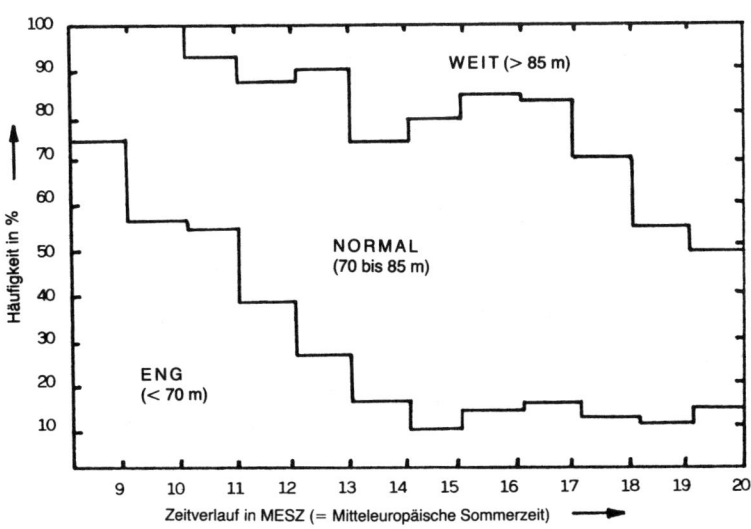

Thermikhäufigkeit »eng – weit« im Tagesgang (definiert durch den Aufwindradius). (Nach Dr. Leykauf)

43

Die obige Darstellung gibt einen guten Anhaltspunkt über die Thermikhäufigkeit im Tagesgang zwischen engen und weiten alpinen Aufwinden, wie sie von Dr. Leykauf ermittelt wurden. Als »enge« Aufwinde werden Thermiken bezeichnet, deren Radius kleiner als 70 m festgestellt wurde. War der Aufwindradius größer als 85 m erflogen, so wurde er in die Kategorie »weit« eingestuft. Alle dazwischen liegenden Radien wurden als »normal« bezeichnet. Überwiegten vormittags noch die engen Aufwinde, so verschob sich zum Abend hin die Thermik in Richtung »weit«, eben so, wie es die Alpenflieger immer wieder feststellen konnten.

Nun wäre es aber einmal Zeit, generell darauf hinzuweisen, daß die Thermik im Gebirge früher entsteht und meist intensiver ist als im Flachland. Weiter ist bekannt, daß die Sonne am kräftigsten wirkt, wenn sie nahezu im Winkel von 90 Grad auf die Erdoberfläche strahlen kann; und diese Situation ist durch die steilen Hänge im Gebirge vielfach gegeben. Im Gebirge kann oft eine stetig strömende Kaminwirkung beobachtet werden, während die Flachlandpiloten »ihre« Thermik als meist pulsierende Aufwinde kennen. Im alpinen Gebiet kann beispielsweise ein einzelner kegelförmiger Berg ganztägig einen Aufwindschlauch liefern, wobei er als Kamin wirkt, den man wie einen Fahrstuhl anfliegen kann, um wieder hochzusteigen.

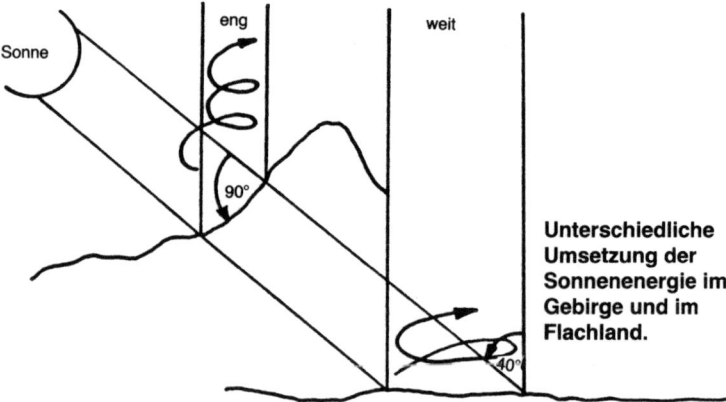

Unterschiedliche Umsetzung der Sonnenenergie im Gebirge und im Flachland.

Das Wesentliche im Gebirge ist also die unterschiedliche Umsetzung der Sonnenenergie in Thermik. Die gleich große eingestrahlte Energiemenge ergibt im Gebirge aufgrund der vielen vorhandenen geneigten Flächen (= nahezu 90-Grad-Wirkung) meist schmale, kräftige Aufwindschläuche. Im Flachland dagegen entstehen bei flacherem Einfallwinkel der Sonne breitere, aber auch schwächere Aufwinde.

Die beiden Abbildungen dokumentieren dies deutlich.

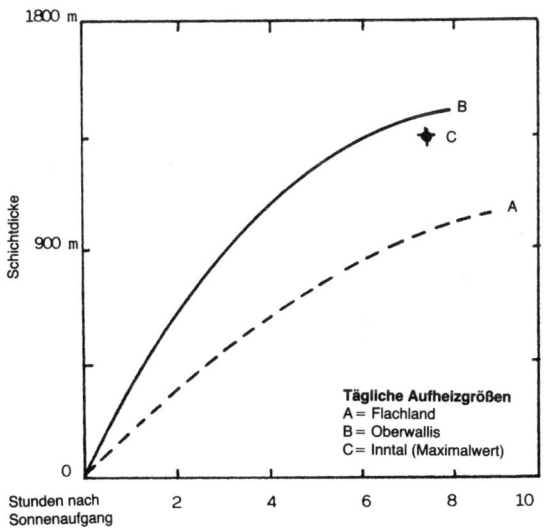

Es zeigt sich, daß die Aufheizgröße im Alpenraum wesentlich stärker ist als im Flachland (siehe obenstehende Abbildung). Es zeigt sich auch, daß z. B. das Inntal mit seiner West-Ost-Erstreckung sein Aufheizungsmaximum zwei Stunden später hat als das Oberwallis, das Südwest-Nordost orientiert ist. Für das Oberwallis wurde ein Kriterium zur Bestimmung der Thermikgüte gefunden. Es wurde eine Beziehung hergestellt zwischen Thermikgüte und Höhe der trockenadiabatischen Schicht nach der maximalen Aufheizung:

45

Reicht die trockenadiabatische Schicht aufgrund der Aufheizung weniger hoch als 3700 m NN (= 600 m oberhalb der Kämme oder 2400 m oberhalb des Talgrundes), so ist nur geringe Thermik zu erwarten.

Die Atmosphäre in und über den Alpen ist im Vergleich zur Höhenluft über den angrenzenden flachen Gebieten meist wesentlich dunst- und staubfreier. Dies ergibt eine bis zu ⅓ stärkere Sonneneinstrahlung im inneralpinen Raum, die jedoch zum Voralpenbereich wieder abnimmt. Die Lufterwärmung in der reinen Alpenatmosphäre erfolgt fast nur durch den Kontakt mit den durch Einstrahlung erwärmten Bergflanken. Wie wir bereits festgestellt haben, wird nicht die gesamte Wärmeenergie, die mit der Sonnenstrahlung auf einen Hang trifft, vom Boden aufgenommen und gespeichert. Ein beträchtlicher Anteil davon geht vielmehr durch Rückstrahlung in die Atmosphäre zurück. Das Reflexionsvermögen (= Albedo) zeigt ja an, wieviel der eingestrahlten Energie wieder reflektiert wird. Je geringer die Bodenalbedo, desto stärker wird die Erwärmung und damit die Luftaufheizung sein. Doch nicht nur der Boden reflektiert einen Teil der Strahlung; auch Wolken haben ein Albedo. Nachstehende Tabelle gibt einen Hinweis über den Energieverlust bei verschiedenen Wolkengattungen:

Wolkengattung	Verlust in %
Hohe Eiswolken	10 bis 15 %
Cirrostratus-Aufzug	20 bis 25 %
Altocumulus	40 bis 50 %
Altostratus	40 bis 60 %
Stratocumulus-Schichten	50 bis 70 %
Nebel und Hochnebel	80 % und mehr

Der Einstrahlwinkel hängt vom Sonnenstand und von der Hangneigung ab, deshalb werden Südhänge bei höchstem Sonnenstand dort am stärksten aufgeheizt, wo die Neigung 20 bis 30 Grad nicht überschreitet. Die höchste Einstrahlwärme wird bei einem Einfallwinkel von 90° erreicht. Die folgende Zeichnung gibt Hinweise über Sonnenstand und Hangneigung wieder.

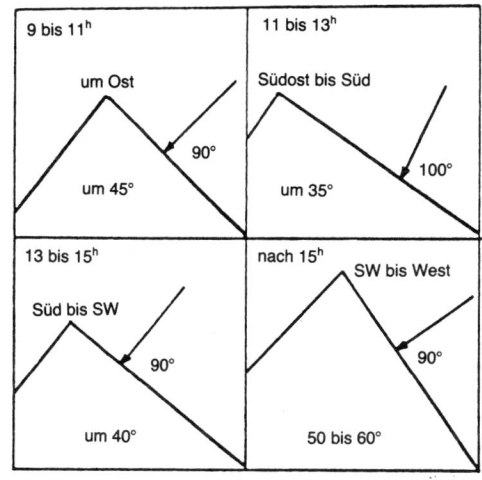

Sonnenstand und Hangneigung. (Nach Kalckreuth)

Dem Auf- und Abstieg der Sonne angepaßt, werden morgens steilere, mittags nur mittelsteile und spätnachmittags wieder Hangflanken mit größerer Neigung angeflogen. Dem ständig wechselnden Standort der Sonne während des Tages kommt im Gebirge eine wesentlich größere Bedeutung zu als in der Ebene. Der Grund dafür ist in der obigen Zeichnung erklärt.

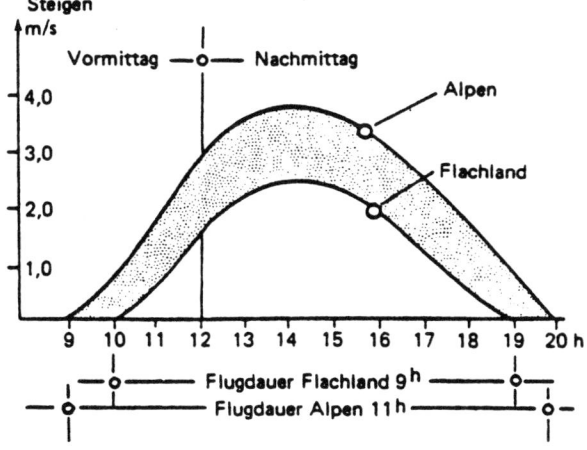

Die auf Seite 47 unten stehende Zeichnung gibt generell einen Überblick über den Unterschied der Thermik zwischen Flachland und den Alpen. Nicht allein die bessere thermische Güte im alpinen Raum, sondern auch die längere Flugdauer dort geben der Alpenthermik ein Plus gegenüber der Thermik in der Ebene. Grob gesehen erstrecken sich die Alpen in westöstlicher Richtung. Das bekannteste Längstal dürfte hier das Inntal sein. Längstäler sollen im allgemeinen vormittags angeflogen werden, da zu diesem Zeitpunkt die Sonne an die Südhänge scheint und entsprechend gute Aufwinde produziert. Gegen Nachmittag läßt die Einstrahlung an den Südhängen nach und die Hänge an den Quertälern werden intensiver angestrahlt. Vormittags erlauben West-Ost-Gebirgsketten besser einen Flug in westliche Richtung. Aufgrund der früheren Einstrahlung von Osten her kann man über eine längere mögliche Flugzeit verfügen. Nachmittags wäre ein Rückflug von West nach Ost über die Quertäler besser als ein Dahinschleichen an einem von West nach Ost verlaufenden Gebirgszug.

Die tagsüber vom Tal zur Bergspitze strömenden thermischen Aufwindpakete erlauben häufig ein Fliegen längs der Hangkante. In Verbindung mit überlagerten Großwindströmungen (= Hauptwindrichtung) werden sich bildende Quellwolken am besten an der Vorderseite der Wolke, also im Luv angeflogen. Dieser Tatsache wurde in der unteren Zeichnung auf der folgenden Seite Rechnung getragen. Die beste Anflugmöglichkeit bietet sich am Wolkenpunkt A an.

Die Wolkenbasis liegt im Alpenbereich meist höher als im Flachland und kann ohne weiteres bis 4 km betragen, im Engadin sogar Höhen bis zu 5 km erreichen. Generell herrscht im Gebirge eine wesentlich stärkere thermische Turbulenz vor als im Flachland, vor allem in Bodennähe.

Vormittags ermöglichen West-Ost-Gebirgsketten einen Flug in westlicher Richtung. Nachmittags an den sonnenbeschienenen Westhängen der Nord-Süd-Gebirgsformation hochkurbeln und nach Osten abfliegen.

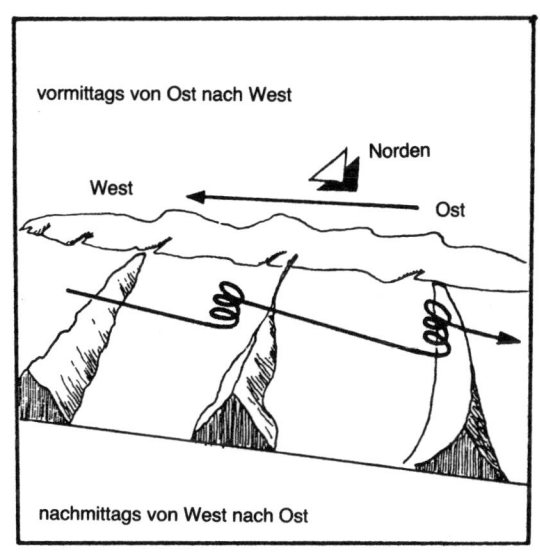

Eine bewährte Regel für Zielrückkehrflüge.

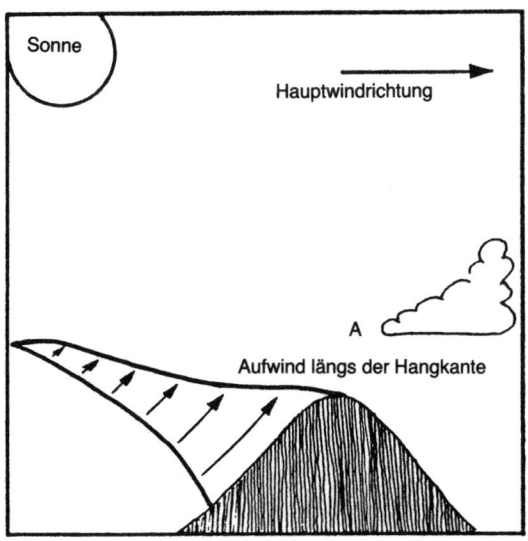

Entstehende Quellwolken bei Punkt A anfliegen.

Thermikablösung

Ähnlich wie im Flachland sind Unstetigkeitsstellen bevorzugte Punkte, an denen sich die Thermikaufwinde ablösen und nach oben steigen. Im Gebirge sind dies häufig Abreißkanten im Felsgestein, ein Wechsel in der Vegetation, teilweise in Verbindung mit einem Wechsel des Bergprofiles. Unterschiedliche Beschaffenheit – z. B. Wechsel von Wald bis Fels, Latschen oder Almen – begünstigt den Ablösungsprozeß. Kräftige Aufwindfelder kann man mitunter in sonnenbeschienenen Mulden antreffen! Dabei kann die Aufwindgeschwindigkeit ohne weiteres auf mehr als 5 m/s zunehmen, wobei es natürlich auch deswegen fast in gleicher Größe Abwindfelder gibt.

In den Alpen ist es außerordentlich schwierig, bestimmte und feste Regeln anzugeben, »wo es gut und wo es weniger gut geht«. Das gesamte System der thermischen Aufwinde und der »normalen« Winde ist so miteinander verzahnt und von so vielen Faktoren abhängig, daß im Grunde genommen jede Situation neu ist und entsprechend neu erflogen werden muß. Man kann nur von ganz bestimmten groben Grundregeln ausgehen und sich aufgrund einer geschätzten Großwindlage, aufgrund geschätzter Sonneneinstrahlungsmöglichkeiten und aufgrund von Beurteilungen der Geländesituation eine Chance für gute Aufwinde ausrechnen. Dabei sollte man bedenken, daß die Beurteilung der Aufwindsituation falsch sein kann, und man sich immer einen Rückflug zur früheren Ausgangsposition sichern muß.

Es lohnt sich im allgemeinen zu versuchen, über den Kämmen und Gipfeln zu fliegen, da man so bei zweifelhaften Windverhältnissen am ehesten die Aufwinde in voller Stärke ausnutzen und eine hohe Durchschnittsgeschwindigkeit erzielen kann.

Das kleine Einmaleins der Thermik

Bereits eingehend haben wir uns über die Thermikbeeinflussung geäußert. Trotzdem sollen noch einmal an dieser Stelle Modifikationsänderungen und deren Auswirkungen erwähnt werden. Vor allem die Bodenbedeckung und die »Unterlage« sind sehr wichtige Faktoren. Nachfolgende Auflistung gibt einen Überblick, wobei positive Auswirkungen mit +, sehr positive Auswirkungen mit ++ und negative bzw. sehr negative Auswirkungen mit − bzw. −− bezeichnet werden.

Unterlage

Trockener Lehm	+
Trockener Sand	+
Trockener Torfboden	++
Trockener Moorboden	++

Oberflächenbeschaffenheit

Wasser	−−
Nasse Bodenoberfläche	−
Neuschnee	−−
Altschnee	−
Schmelzender Schnee	−

Bodenbedeckung

Wald	−
Niederwald	+
Gras (Assimilation)	−

Bodenform

konvexe Form	−−
konkave Form	++

Sonstiges

Einfallswinkel	+
Turbulenz	−
Seewind	−
Bewölkungsdichte	−
Höhenwarmluftzufuhr	−
Höhenkaltluftzufuhr	+
Bodenkaltluftzufuhr	−
Bodenwarmluftzufuhr	+

51

Thermik und Bewölkungsdichte

Mittelhohe (Altostratus, Altocumulus) und hohe Wolken (Cirrus, Cirrostratus und Cirrocumulus) setzen die Einstrahlung der Sonne herab. Sind die bodennahen Luftschichten ausreichend labil, so wird dünner Cirrostratus die Aufwindentwicklung nicht unterdrücken, sie jedoch abschwächen und vorzeitig im Tagesverlauf beenden, während Altostratus normalerweise alle thermischen Aktivitäten unterbindet.

Die ideale Bewölkungsmenge stellen ⅛ bis ⅜ Cumuli dar. Die Einstrahlung ist wenig behindert, deshalb liefert nahezu jede Wolke brauchbare Aufwinde. Ist der Himmel bereits von ⅘ bis ⅝ Quellwolken bedeckt, so erfolgt schon eine merkliche Reduzierung der Einstrahlung. Das bedeutet, daß nur noch unter einem Teil der Wolken nutzbare Thermik vorhanden sein wird. Dies trifft jedoch im Falle von Wolkenstraßen (darüber noch mehr an anderer Stelle) nicht zu.

Bei Wolkenstraßen kann der Himmel nahezu bedeckt sein, und es kommt noch zu kräftigen Aufwindzonen entlang der Aufreihungen. Nur noch geringe Einstrahlung ist bei ⅞ Cu verwertbar. Im allgemeinen sind so wenig Aufwindgebiete anzutreffen, da zu viele »Wolkenleichen« am Himmel hängen. Insbesondere die vormittägliche Einstrahlung muß ungehindert vonstatten gehen können, damit es zu günstigen Flugbedingungen kommen kann.

Über ebenem Gelände hängt die Verteilung im wesentlichen von der Größe der Wolke ab. Kleine Cumuli (etwa bis 1 km über Grund) sind meist gleichmäßig verteilt und somit ideal zum Fliegen, wenn man die relativ niedrige Arbeitshöhe mit in Kauf nimmt. Große Quellwolken bilden sich häufig aus einer Gruppe kleinerer Cumuli. Der Abstand zwischen großen Cumulanten ist größer, deshalb ist es auch nötig, mehr Höhe zu gewinnen, um den Abstand zur nächsten Quellwolke überwinden zu können. Ungünstig sind vor allem Gewitterwolken (= Cumulonimben, Cb). Bereits ihre Schirme (= Amboßform) können wegen ihrcr thermikdämpfenden Wirkung Flüge erschweren, im Gebirge meist sogar beenden. Tritt Cirrusaufzug erst nachmittags auf – also nach erfolgter Bodenaufheizung –, so kann unter der abschirmenden Wolkendecke noch bis zu zwei Stunden im bodennahen Bereich mit Thermik gerechnet werden. Große Quellwolken machen es dem Flieger oft unmöglich, den vorgesehenen Flugkurs beizubehalten. Gewitter oder Schauer können bereits zur Landung zwingen. Bei großen Quellungen ist meist auch die Untergrenze tiefer als bei kleinen Cu, so daß die Möglichkeit, zur nächsten Quellwolke zu gelangen, teilweise eingeschränkt werden kann. Ist eine sehr markante stabile Schicht oder Inversion vorhanden, die zudem hohe Feuchtwerte aufweist, so können sich die vorhandenen Quellwolken an dieser Sperrschicht ausbreiten. Je nach Höhe dieser Sperrschicht bilden sie dann Sc oder Ac, die die Sonnenstrahlung ja so stark behindern, daß die Thermik zumindest zeitweise aufhört.

Stößt eine flache, kühle und somit stabile Luftmasse vom Meer oder von einem großen See landeinwärts vor, so wird die thermische Tätigkeit stark beeinträchtigt. Es ist ja allseits bekannt, daß nicht nur die küstennahen Bereiche im Sommer vom Seewindeinfluß »heimgesucht« werden, sondern auch Gewässer wie beispielsweise der Bodensee oder der Genfer See auf ihre unmittelbare Umgebung stabilisierend wirken, wobei man an die vielen großen finnischen Seen gar nicht erst zu denken braucht. Wenn in der Höhe Warmluft horizontal herbeigeschafft wird (in der Meteorologie als Warmluftadvektion bezeichnet) – speziell im oberen Teil des Konvektionsraumes – oder wenn zwischen 1000 m und 2000 m über Grund Absinkvorgänge auftreten, ergeben sich drei Effekte: Nachlassende Thermik, geringere Thermikhöhe und früheres Thermikende am Nachmittag.

Nasser Boden bedeutet, daß ein großer Teil der einfallenden Sonnenenergie für den Verdunstungsprozeß benötigt wird. Deshalb erwärmt sich der Boden auch langsamer. Fallen nachts verbreitet Niederschläge, so wird sich auch die Thermik später entwickeln als bei trockenem Boden.

Treten tagsüber kräftige Schauer oder gar Gewitter auf, so wird

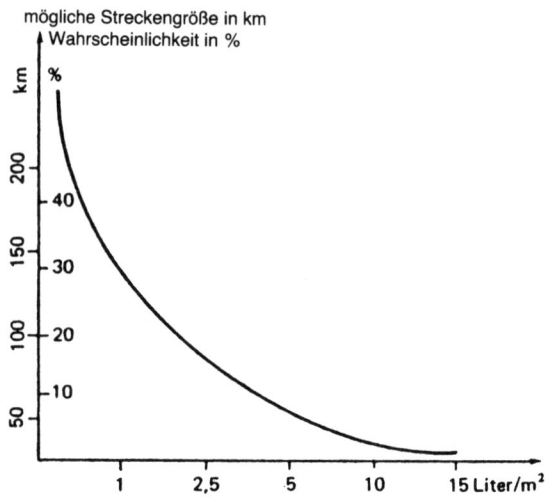

mögliche Streckengröße in km
Wahrscheinlichkeit in %

Niederschlagsmenge und wahrscheinliche Streckengröße.

dort, wo der Boden durchnäßt ist, eine Thermikpause so lange eintreten, bis die Bodenoberfläche wieder abgetrocknet ist. Eine Untersuchung über die Wahrscheinlichkeit von guten Flugtagen nach gefallenem Niederschlag am Vortag des Flugvorhabens ergab, daß nach verbreitetem Niederschlag am Vortag (Flächenniederschlag! Keine einzelnen Schauer!) und erst recht in der letzten Nacht die Wahrscheinlichkeit von guten Flugbedingungen sehr stark sinkt. Sind mehr als 5 Liter pro m^2 gefallen – keine örtlichen Schauer! –, so kann man den Folgetag meist abschreiben (s. Abbildung oben).

Advektive Änderungen

Wie bereits mehrfach erwähnt, haben advektive Änderungen (= horizontales Herbeischaffen anders temperierter Luft) in der oberen Hälfte des Konvektionsraumes großen Einfluß auf die Thermikstärke.

Bei Kaltluftadvektion in diesem Bereich (erkennbar am Links-

54

drehen des Windes mit der Höhe) sind die anzutreffenden Steigwerte größer, und die Thermik dauert abends länger. Andererseits wird die Thermik durch Warmluftzufuhr im erwähnten Höhenbereich (erkennbar am Rechtsdrehen des Windes mit der Höhe) abgeschwächt und flaut meist bereits am Nachmittag oder Spätnachmittag ab. Bei Kaltluftzufuhr genügt wenig Einstrahlung, um den trockenadiabatischen Temperaturgradienten vom Boden her aufrecht zu erhalten. In solchen Fällen kann deshalb die Thermik andauern bis die Sonne nur noch wenige Grade über dem Horizont steht. (Gelegentlich konnte sogar unter aktiven Cumuli noch nach Sonnenuntergang Steigen gefunden werden.) In bergigem Gelände wird die Thermik über den sonnenbeschienenen Hängen viel länger anhalten als über ebenem Gelände. Offenes Land gibt die tagsüber aufgenommene Wärme rasch ab, wenn die Sonne tief steht. Wälder und Städte haben demgegenüber eine viel größere Wärmespeicherkapazität. So kann man über Wäldern und Städten häufig noch Aufwinde feststellen, wenn über dem offenen Land bereits seit einer Stunde oder mehr die Thermik zu Ende ist. Es entstehen aber auch tagsüber indirekte *Thermikflauten,* die man als »Totzeiten« bezeichnet. Wie entstehen solche thermischen Totzeiten?

Thermische Totzeiten

Die Unterschiede in der bereits erwähnten Wärmeleitfähigkeit verschiedener Böden bedingen in sich bereits eine zeitliche Verschiebung der Tageshöchstwerte dieser Bodenarten an der Oberfläche gegenüber dem Einstrahlungsmaximum. Und: Diese Totzeit ist nahezu 100 %ig proportional zur Wärmeleitfähigkeit. Betrachtet man einzelne Böden nach dem Zeitunterschied zwischen maximaler Einstrahlung bis zum Zeitpunkt der maximalen Oberflächentemperatur dieser verschiedenen Böden, so ergibt sich beispielsweise die folgende Auflistung:

Bodenart	Zeitverschiebung = therm. Totzeit
Steinboden/Fels	1,5 bis 2,5 Stunden
lockere, trockene Böden	0 bis 15 Minuten
niedrige Pflanzenbestände	2,5 bis 3 Stunden
Betonflächen (auch Innenstädte oder Rangierbahnhöfe/große Gleisanlagen)	1 bis 2 Stunden.

Die Thermikbildung setzt auf Böden mit *kleinen* Totzeiten früher ein! Bei Böden mit großer Wärmeleitfähigkeit kann man dadurch abends – bedingt durch die große Zeitverschiebung des Maximums – stärkere Thermikintensität vorfinden als in der Umgebung von Böden mit geringerer Wärmeleitfähigkeit. Nachfolgend noch einige Eigenschaften verschiedener Böden:

Bodenart	Wasserhalterung	Wärmehaushalt	Durchlüftung
Sand	gering	starke Wärme- schwankungen	gut
Lehm	gut	geringe Wärme- schwankungen	mittelmäßig
Ton	sehr groß	kalter Boden	mangelhaft
Löß	gut	gut	gut
Kalk	durchlässig	gut	gut
Moor	sehr feucht	ungünstig/kalt	gering

stark differierend bei trockener Oberfläche!

Verwendung des gefallenen Niederschlages in % (nach Egler)

Verbrauch	Wald	Grünland
Verdunstung auf dem Erdboden	5	25
Verdunstung auf Blättern/Zweigen	15	10
Verbrauch der Vegetation	20	5

Abfluß	Wald	Grünland
Oberflächlicher Niederschlagsabfluß	20	40
Versickerung	40	20

Besonderheiten

Besonders im Frühjahr und Frühsommer bringen auch thermisch »schlechtere« Gebiete bei frischen Kaltluftvorstößen brauchbare Konvektion, wobei lediglich die Bedeckungsmenge differiert. Nach längerer Trockenheit zeigen z. B. die Moorgebiete eine stärkere thermische Aktivität als im Normalfall. Gebiete mit hoher Bodenfeuchte entwickeln dann andererseits erst zu einem späteren Zeitpunkt brauchbare Konvektion, rufen dann aber im fortgeschrittenen Tagesverlauf mehr Bewölkungsanteil hervor als über trockenen Flächen. Böden mit sandsteinigem Bodenunterbau liefern bessere Thermik als Böden mit kalksteinigem Untergrund. Trockenes Gestein hat eine wesentlich höhere thermische Aktivität, da keine Energie zur Verdunstung der Feuchte verwendet werden muß, weshalb über nacktem Fels (trotz hoher Wärmeleitfähigkeit) dieses Phänomen zu beobachten ist. Für die abends lang anhaltende Thermik in diesen Gebieten zeichnet eben diese hohe Wärmeleitfähigkeit verantwortlich. Bei gleichbleibender Bodenfeuchte ist die Verdunstung bei Böden mit Vegetation höher als bei vegetationslosen Böden. Unterschiedlicher Bewuchs und Vegetation bringen bessere Thermikentwicklung als Böden mit gleichem Bewuchs oder Bebauung über große Flächen hinweg.

Thermikverteilung

Wissenschaftliche Untersuchungen haben relativ große Thermikdurchmesser der einzelnen Aufwinde ergeben, wobei eine allgemeine Zunahme der Durchmesser mit der Höhe zu beobachten ist. Durchschnittliche Durchmesser von 400 m im unteren und etwa 700 bis 800 m im oberen Konvektionsraum wurden ermittelt. Diese großen Thermikdurchmesser werden von Fliegern häufig angezweifelt. Hierbei darf aber nicht vergessen werden, daß der beste Teil des Aufwindes, der Thermikkern, meist nur einen Radius von 50 bis 100 m hat. Zum anderen darf aber ebensowenig vergessen werden, daß ein Aufwindgebiet vielfach von mehreren Thermikquellen gebildet wird. Dies bedeutet dann aber auch, daß mehrere Thermikkerne anzutreffen sind. Der typische Abstand zwischen thermischen Aufwinden beträgt zwischen 1 und 2 km Höhe etwa 2,5 km. Diese Ergebnisse stammen aus Untersuchungen von Konovalov und Lindemann.

Die verschiedenen Vermessungen von Aufwinden erbrachten ein relativ einheitliches Bild der vertikalen Verteilung des Steigens im thermischen Aufwind. Immer wieder findet man ein erstes Maximum in etwa ⅓ der Konvektionshöhe, während ein zweiter Höchstwert knapp unterhalb der Quellwolkenbasis registriert werden konnte. Die Praxis lehrt, daß die Steiggeschwindigkeiten starke regionale Unterschiede aufweisen. Dies rührt vom unterschiedlichen Aufheizvermögen der Erdoberfläche her. Je stärker die Aufheizung am Boden ist, desto höher reicht die Thermik, und um so kräftiger wird dann auch das Steigen sein.

Geordnete Thermik

Während bei Windstille die Thermik über gleichförmigem Gelände gewöhnlich mehr oder minder regelmäßig zellenartig verteilt ist und einen durchschnittlichen Abstand von ungefähr 2,5 mal der Aufwindhöhe über Grund haben – so nach Georgii –, tendieren sie unter Windeinfluß dazu, sich in Reihen zu ordnen. Das rührt daher, daß bevorzugte Aufwindquellen regelmäßig thermische Aufwinde an ihrem Auslösepunkt produzieren, die dann leeseitig mit dem Wind davondriften.

Pulsierende Thermikquellen

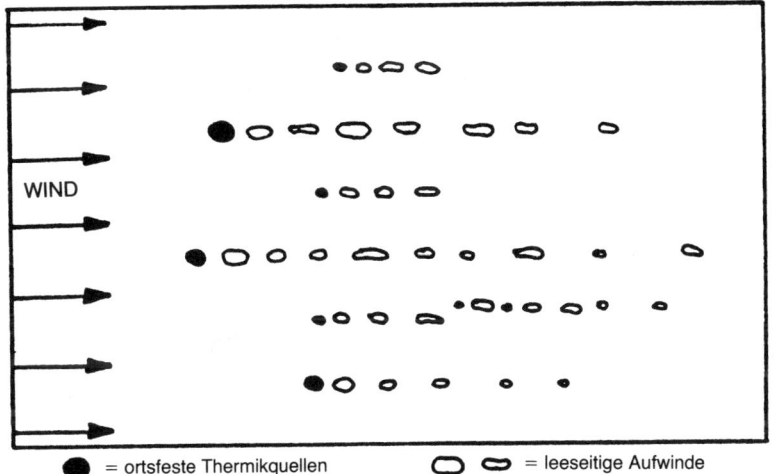

● = ortsfeste Thermikquellen   ◯ ⬭ = leeseitige Aufwinde

Die Thermikströme werden sich höchstwahrscheinlich leewärts ortsfester Thermikquellen, wie z. B. Dörfer, Fabriken und isolierten Bergen oder Gehöften, entwickeln. Normalerweise ist der Abstand zwischen den Aufwindströmen nicht gleich ausgebildet, auch nicht der Abstand zwischen den einzelnen Thermikkörpern untereinander.

Den Unterschied der thermischen Organisation durch homogene bzw. inhomogene Unterlage zeigt das folgende Zweierbild.

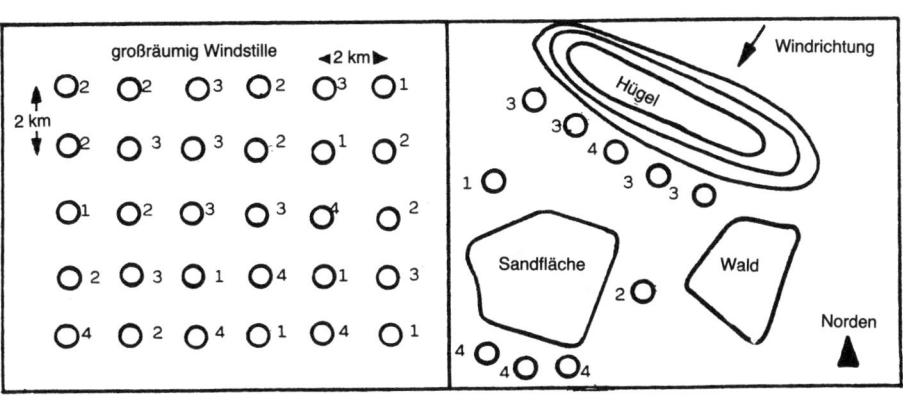

Homogene Unterlage (Aufwinde in m/s)   Inhomogene Unterlage

Bei der angenommenen homogenen Unterlage mit vorausgesetzter Windstille organisieren sich die Aufwindgebiete – zwar mit unterschiedlichem Steigen – in Abständen von etwa 2 km. Die Zahl neben dem Kreis gibt die Aufwindstärke in m/s wieder. Wir haben den Effekt einer Zufallsverteilung. Ohne Anhaltspunkte ist es Glückssache, welche Aufwindstärke man »trifft«. Heinz Huth, der zweifache Weltmeister im Segelflug, verglich diese Thermikorganisation mit einem Wald und dessen Bäumen. »Flieg ruhig hinein, du wirst den Baum schon treffen!« Auf Seite 61 ist dieses Huth'sche Thermikmodell noch einmal dargestellt. Das Grundmodell zeigt A. Den Flug eines »unerfahrenen« Piloten können wir unter B nachvollziehen, der schnurstracks von A nach B fliegt. Im Bildteil C nutzt ein »erfahrener Sonntagspilot« das Thermikmodell, wobei er Wind und Sonne ebenso berücksichtigt wie die Orographie. Ein »erfahrener« Wettbewerbspilot zeigt seinen Flug unter D. Er nutzt ebenso Wind, Sonne und die orographischen Verhältnisse aus, begnügt sich aber mit wenigen kräftigen Bärten und ist am schnellsten am Ziel.

Bei der Organisation der Thermik durch die inhomogene Unterlage erkennt man, wie sich im Lee der Hügel gute Aufwinde bilden und auch im Lee der aufgeheizten Sandfläche kräftige Bärte stehen. Wo Thermik möglich oder unwahrscheinlich sein könnte, wird in der folgenden Abbildung gezeigt.

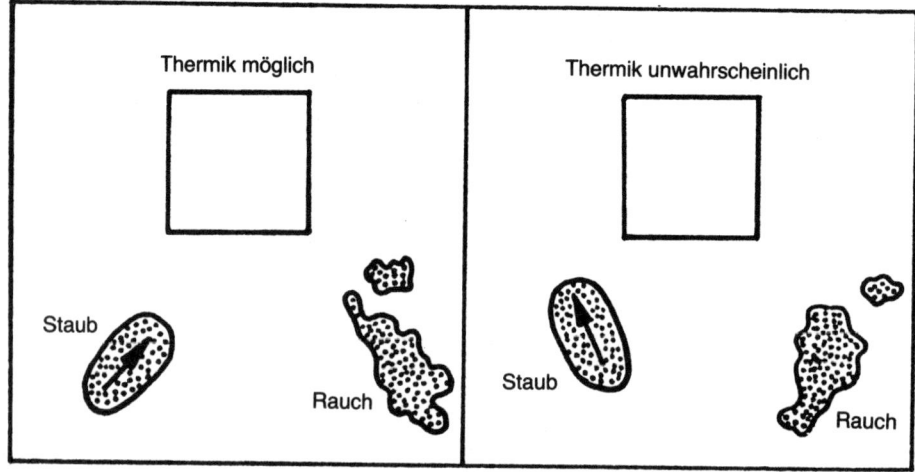

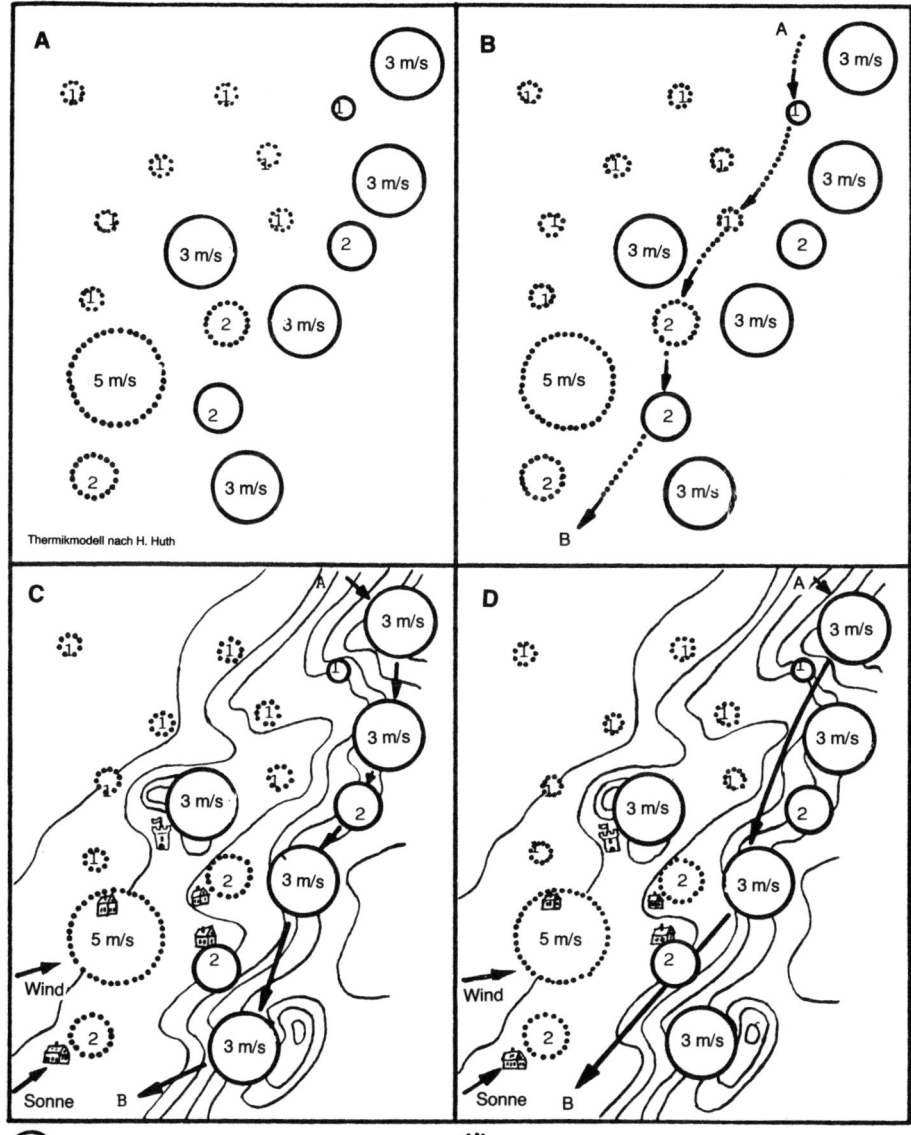

A = ortsfeste Bärte   **2** = pulsierende Thermikquellen

A Huth'sches Thermikmodell, genutzt von **B**, einem unerfahrenen Piloten, **C** von einem erfahrenen Sonntagspiloten, und **D** von einem erfahrenen Wettbewerbspiloten.

Dort, wo Rauchschwaden und Staub zusammenströmen, herrscht Konvergenz. In diesem Falle ist mit großer Wahrscheinlichkeit Steigen am Konvergenzpunkt zu erwarten, wo sich also Staub und Rauch treffen würden. Im anderen Falle kommt es zur Divergenz: Rauch und Staub treiben immer weiter auseinander, so daß kein Aufwind erwartet werden dürfte.

Wolkenstraßen

Eine sehr nützliche Form der organisierten Konvektion bezeichnet man mit Thermikstreifen oder Wolkenstraßen. Diese können sich über mehrere hundert Kilometer ausdehnen, wie man auf Satellitenfotos deutlich erkennen kann. Wolkenstraßen bestehen aus Bändern oder Aufreihungen von Quellwolken, die sehr gleichmäßig angeordnet sind. Das System der Wolkenstraßen stellt die am wenigsten Energie verbrauchende Art der Vertikalbewegung dar. Voraussetzung allerdings: Bei relativ gleicher Windrichtung muß die Windgeschwindigkeit mit der Höhe zunehmen und im oberen Drittel des Konvektionsraumes ihr Maximum aufweisen. Auch wenn die Luft zur Wolkenbildung zu trocken ist, entwickeln sich kilometerlange Thermikanordnungen. Als weitere Voraussetzung für die Bildung von Wolkenstraßen oder Thermikstreifen gilt, daß in etwa 2 bis 3 km Höhe eine Sperrschicht vorhanden ist. Der Abstand zwischen zwei benachbarten Straßen oder Streifen entspricht etwa 2,5- bis 3mal der Höhe der Sperrschicht. Liegt die die Konvektion begrenzende Absinkinversion bei 3 km Höhe, so kann man erfahrungsgemäß damit rechnen, daß die nächste Wolkenstraße etwa in 7 bis 9 km Entfernung anzutreffen sein wird. Cumulusstraßen sind bis auf wenige Grade parallel zur Windrichtung innerhalb des Konvektionsraumes angeordnet. Die Quellwolken der Wolkenstraßen entstehen genau so wie die »einfachen« Cumuli: Durch die Einstrahlung wird der Boden erwärmt, dadurch werden Konvektionsvorgänge ausgelöst. Luftpakete (Blasen, Schläuche, Bärte etc.) beginnen aufzusteigen, bis sie eine stabile Schicht erreichen.

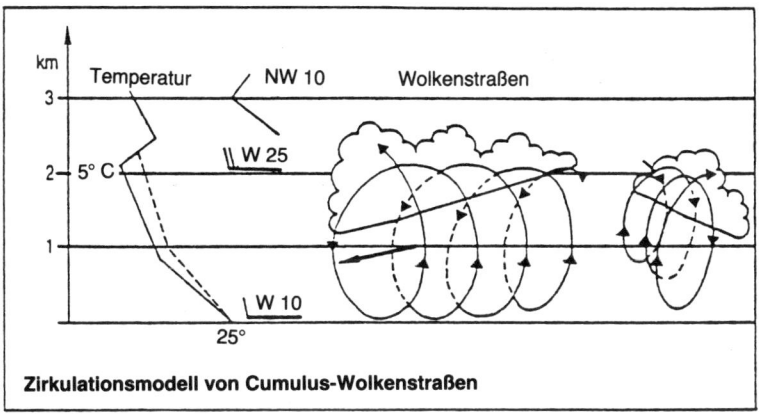

Zirkulationsmodell von Cumulus-Wolkenstraßen

Wolkenstraßen sind bänderartig, etwa in der Hauptwindrichtung angeordnete Quellwolken, deren Orientierung von der Orographie weitgehend unabhängig ist. Ihre Obergrenzen sind allgemein von einer Temperaturinversion markiert. Wolkenstraßen bilden sich vorzugsweise in frisch eingeströmter Kaltluft, wobei sie meist mit höheren Windgeschwindigkeiten im Konvektionsraum verknüpft sind.

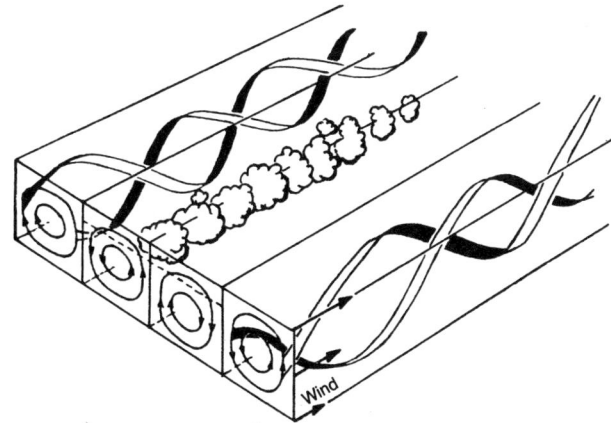

Die bänderartige Struktur der Wolken entsteht durch Zirkulationsbewegungen in der thermisch durchmischten Schicht in Form von gegeneinander drehenden, horizontalen Walzen, wobei über der Grenzfläche der Walzen mit Aufwärtsbewegung die Cumuli angeordnet sind.

63

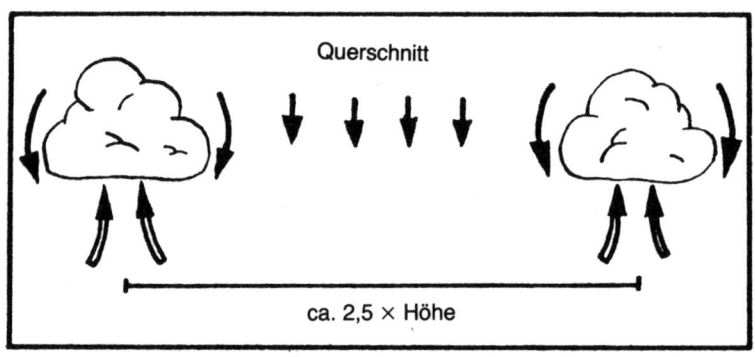

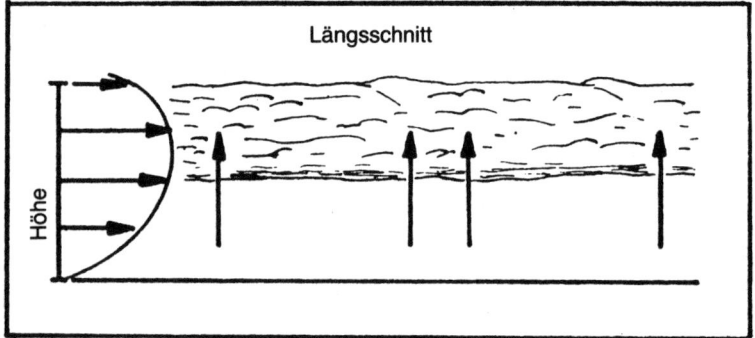

Wolkenstraßenmodell im Quer- und Längsschnitt sowie Windprofil mit zunehmender Höhe. (Nach Prof. Reichmann)

In der Praxis lohnt es sich, Wolkenstraßen länger zu folgen, wenn sie wenig vom Kurs abweichen, sie gegen starken Wind entlanggeflogen werden und die Reisegeschwindigkeit unter der Straße im Verhältnis zur Reisegeschwindigkeit anderer Kurse deutlich höher liegt.

Häufig wird unter den Wolkenstraßen eine höhere Geschwindigkeit erreicht werden können, als sie der reinen Mc Cready-Theorie entspricht. In diesem Falle müßte also die Ringeinstellung höher sein! Zu welch markanten Unterschieden es zwischen »normalen« Mc Cready-Werten und tatsächlich zu erreichenden Steigwerten unter Wolkenstraßen (im Blauen auch unter Thermikstreifen) kommen kann, zeigt die folgende Abbildung.

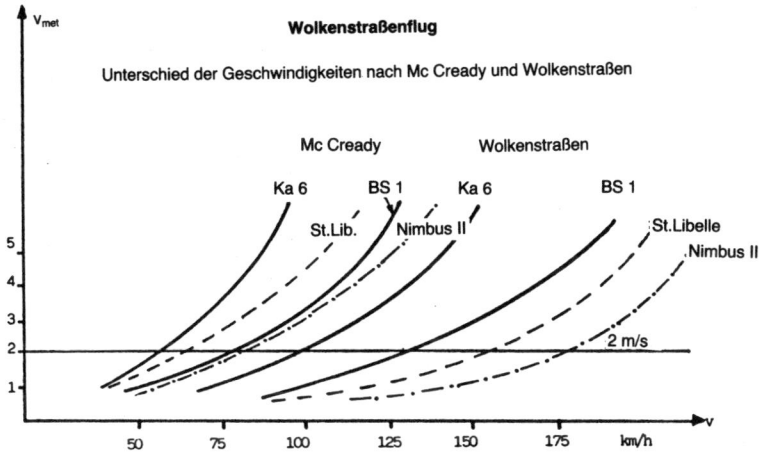

Beispiel: $v_{met} = 2$ m/s

Ka 6: 102 km/h nach Wolkenstraßen und 57 km/h nach Mc
Cready, Differenz 45 km/h!

BS 1: 127 km/h bei Wolkenstraßen und 73 km/h nach Mc Cready,
Differenz 54 km/h!

Fazit: Je besser das Wetter, desto größer die Unterschiede!
    a) für gleichwertiges Fluggerät und
    b) für Hochleistungsgeräte.

Hält man sich bei Wolkenstraßenbildung also nicht zu stur nach
der Mc Cready-Theorie, so kann man erhebliche Geschwindig-
keitszuwachsraten erzielen, wenn man eine Wetterlage antrifft,
die das Fliegen unter der Wolkenstraße ohne Höhenverlust
erlaubt! Und da nach Wallington nahezu ⅓ aller Thermik organi-
siert auftritt, also in Straßen und Streifen, lohnt sich diese
Straßenanwendung sehr wohl.

    Wer nicht will, der muß sich mit Einbußen und somit kleineren
Streckenbeträgen zufrieden geben, obwohl »mehr« drin gewesen
wäre!

Vielen unerfahreneren Piloten drängt sich jetzt die Frage auf: »Wann lohnt es sich dann, unter einer Wolkenstraße zu kurbeln?« Kurbeln lohnt sich eher, wenn
– man noch weit von der Basis der Straße entfernt ist,
– das Ende der Wolkenstraße unmittelbar bevorsteht,
– das Steigen an einer bestimmten Stelle wesentlich besser ist als das Steigen unter der Wolkenanreihung allgemein,
– anzunehmen ist, daß der Aufwind so eng ist, daß beim Gerade-ausflug in ihm oder ähnlichen Aufwinden die gewünschte Flughöhe nicht erreicht werden kann.

Zur Bildung von Wolkenstraßen ist eine Mindestgeschwindig-keit des Windes erforderlich, die in der Praxis kaum unter 30 bis 40 km/h angetroffen wird. Normale Quellwolkenaufreihungen, die nicht in etwa parallel zur Hauptwindrichtung liegen, treten bereits bei Windgeschwindigkeiten von etwa 15 km/h auf, sind aber in ihrer horizontalen Ausdehnung bei weitem nicht mit der von Wolkenstraßen vergleichbar.

Thermik- oder Cumuluswelle

Das Auskosten ungestörten Aufwindes (= laminare Strömung) in Verbindung mit turbulenter Thermik ergibt sich bei bestimmten Wettersituationen, die auch in unseren Breiten gar nicht so selten vorkommen. Dieses meteorologische Phänomen, das Segeln vor der Wolke ermöglicht, wird als Thermik- oder Cumuluswelle bezeichnet. Am häufigsten kann man diese Erscheinung bei relativ labiler Schichtung der Wetterlage feststellen. Wie entsteht nun eine solche Welle?

Eine aufsteigende Cumuluswolke wird ihren horizontalen Ursprungsimpuls beibehalten, der dem Wind in den unteren Schichten entspricht, auch dann, wenn sie in eine Höhenschicht aufsteigt, wo stärkere horizontale Windgeschwindigkeiten ange-troffen werden. Deshalb bildet die Quellwolke ein Hindernis für den stärkeren Wind. Die Stromfäden werden verändert; es findet nicht nur ein Um-, sondern auch ein Überströmen statt. So trifft man an der Luvseite der »Hindernis-Wolke« eine wellenähnliche Strömung mit schwachen, doch sehr glatten Aufwinden an. An der Außenseite des Cumulus kann man die Wolke regelrecht übersteigen. Häufig ist es dann der Fall, daß man sich bei Erscheinen dieses Phänomens auch oberhalb der Quellwolken mit schwachem Aufwind vergnügen kann. Wie merkt man, ob es vor der Wolke hochgeht oder nicht? Voraussetzung zur Bildung solcher Cumuluswellen ist jedoch zusätzlich auch eine vertikale Windscherung von durchschnittlich 5 m/s pro 1000 m Höhe (cirka Windzunahme von 5 km/h pro etwa 300 m), wobei die Richtung des Windes sich mit der Höhe nicht wesentlich ändern darf. Wenn dazu die Wetterlage noch einen kräftigen horizontalen Temperaturgradienten liefert [Linien gleicher Temperatur (= Isothermen) verlaufen parallel zu den Linien gleichen Luftdruckes (= Isobaren)], dann geht es vor der Wolke hoch. Schwache Cumuluswellen sind relativ häufig. Man kann die Cumuluswelle auch folgendermaßen erklären: Trifft der Wind auf ein Hindernis, so wird er abgelenkt. Am Berg entsteht so der Hangwind, an der Quellwolke die Cumuluswelle. Im Falle der Cumuluswelle ersetzt also die Wolke den Hang. Durch die bestehende Windscherung, die sich meist über die ganze Thermikluftmasse erstreckt, hat man die Chance, auf der Inversion zu reiten. Je stärker nämlich die vertikale Windscherung ist, um so weniger stehen die Thermikkamine kreissymmetrisch unter der Wolke. Viel mehr beschreibt bei einer solchen Windstruktur die Thermikwolke eine Abrollbewegung gegenüber dem Scherwind. Der Thermikschlauch liegt hierbei luvwärtig zum Wind an der Wolkenobergrenze. So besteht die Chance, luvseitig am Rande der Wolke bis an die Wolkenobergrenze zu gelangen und damit auch an die Inversionsobergrenze. Besonders lassen sich hierfür in Reihen angeordnete Thermikwolken ausnutzen. Die sind sozusagen aufgrund physikalischer Gesetzmäßigkeit im Falle vertikaler Windscherung auch meistens vorhanden.

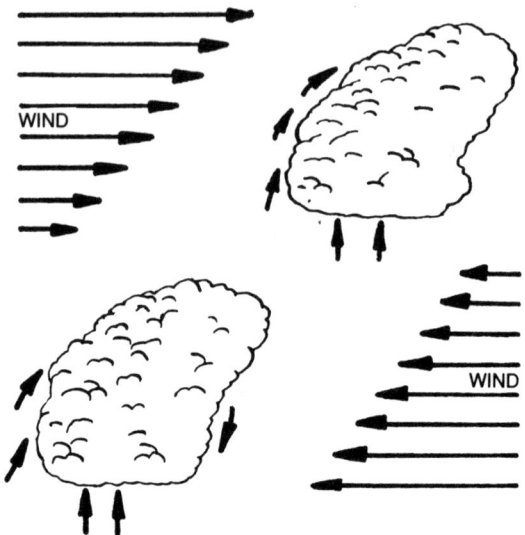

Modell der Cumuluswelle mit Windverteilung.

Befindet man sich im thermischen Flug unterhalb der Quellwolke, so kommt es bei der Ausbildung solcher thermischen Wellen in der Mehrzahl der beobachteten Fälle vor, daß man den Aufwind unterhalb der Basis scheinbar kaum zentrieren kann. Es stellt sich meist eine eindeutige Verlagerung des Aufwindes auf die Luvseite der Quellwolke ein. Beim Vorfliegen gegen den Wind gerät man dann in die Aufwindströmung vor der Wolke, die – ähnlich dem Hangaufwind – unser Fluggerät außerhalb der Quellwolke emporträgt.

Das schönste dabei aber ist: Man findet diese Welle selbst im Winter. Die Cumuluswelle macht's möglich!

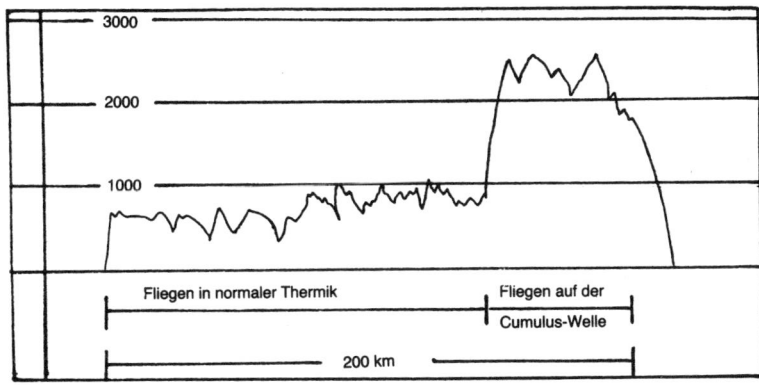

Barogramm eines Fluges in der Cumuluswelle. Im Wolkenwellenaufwind 1000 m über der normalen Thermik.

Häufig wollen Segel- und Drachenflieger die Konfiguration der Isothermen und Isobaren wissen, wie sie beim Auftreten von Wolkenstraßen und thermischen Wellen zueinander angeordnet sind. Die folgende Skizze zeigt die Anordnung der Isobaren und Isothermen bei Wolkenstraßen, Cumuluswelle und Wolkenstra-ßenwellen.

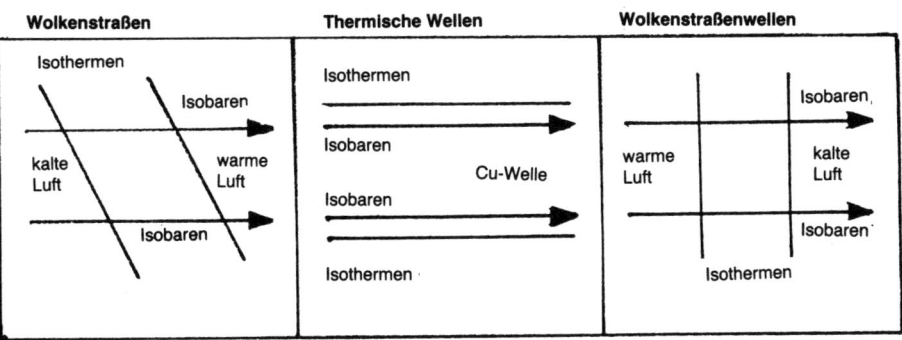

69

Windscherung

In den letzten Beiträgen war vermehrt der Einfluß des Windes angesprochen worden. Häufig wurde auch der Begriff der Windscherung zitiert. Es ist jetzt einmal an der Zeit, einige Worte darüber zu verlieren, bzw. einige erklärende Zeichnungen zu bringen. Zuerst der Einfluß des Windes: Bei der Behandlung der Thermikentstehung haben wir ausführlich darauf hingewiesen, doch soll zum jetzigen Zeitpunkt einmal der Einfluß des Windes auf die guten Streckenflugtage dargestellt werden. Bei einer Häufigkeitsdarstellung der Windgeschwindigkeiten aller Streckenflugtage ergibt sich, daß die absolute Häufigkeit des Windes zwischen Null und 20 Knoten liegt. Die untere Kurve enthält Flüge aus dem Alpenraum, während die obere auch Streckenflüge des Flachlandes mit kräftigem Rückenwind, z. B. Ost- und Nordostlagen, beinhaltet. Man sieht aber auch hier sehr deutlich, daß auch im Flachland trotz Rückenwindes bei etwa 30 Knoten (= ca. 55 km/h) Schluß ist.

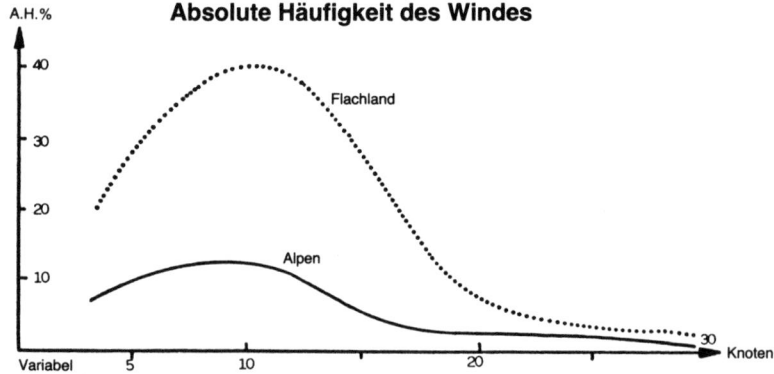

Häufigkeitsverteilung der Windgeschwindigkeiten für gute Streckenflugtage.

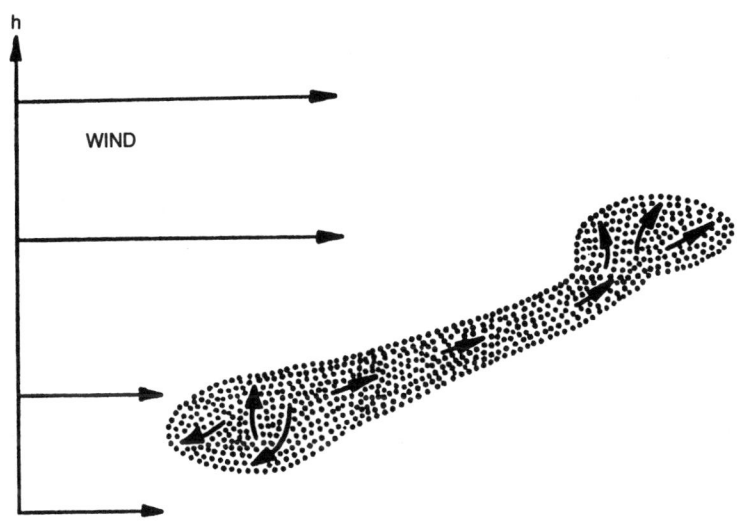

Einfluß der Windscherung auf die Thermik
Um die Thermik wiederzufinden, bewege man sich cirka 1 km in Richtung der Scherung! (Nach Prof. Wallington)

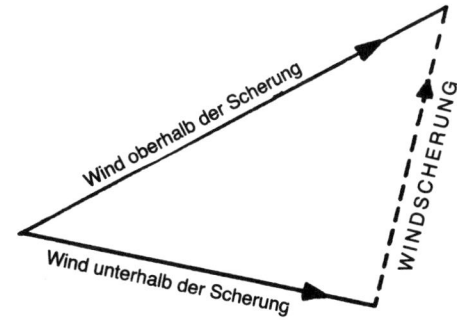

Vektor-Darstellung der Windscherung

Auf den Zeichnungen oben wurde versucht, den Einfluß der Windscherung auf die Thermik wiederzugeben, so wie es Wallington bereits vor zig Jahren ermittelt hatte. Dem Streckenflieger ist jede theoretische Abhandlung über Windscherung egal. (Als Windscherung bezeichnet man übrigens die vertikale Windrichtungs- und/oder Windgeschwindigkeitsänderung!) Er will Hilfestellung haben, wie er die Einflüsse dieser Windscherung ausgleichen kann. Wenn man also die vertikale Windscherung kennt – deshalb wurde auch das Beispiel der Vektordarstellung gewählt –, so hat sich folgendes herauskristallisiert: Um die Thermik wiederzufinden, muß man sich etwa einen Kilometer in Richtung der Windscherung bewegen, dann ist die größte Wahrscheinlichkeit für das Auffinden des Aufwindes wieder gewährleistet. Leider weiß man ohne meteorologische Unterlagen in den meisten Fällen nicht über die bestehende Scherung Bescheid. Bereits aus diesen Gründen ist es wünschenswert, ziemlich exakt den Windverlauf im Konvektionsraum zu kennen.

Thermikflugmöglichkeiten im Winter

Winter ist nicht nur die kalte, sondern auch die thermikarme Zeit. Viele »Zugvögel« zieht es darum in ferne, sonnendurchflutete Gebiete im Süden. Doch ehe wir ihnen nacheilen, sollten wir uns mit den Winterthermik-Möglichkeiten in unseren Breiten befassen. Bekannterweise fällt mit zunehmender Höhe der Niederschlag als Schnee. Diese Tatsache kommt selbstverständlich besonders im Gebirge zum Tragen, denn alle hundert Höhenmeter nimmt der Schneeanteil um etwa 3 % zu und die schneefreie Zeit verkürzt sich im Durschnitt um 10 bis 12 Tage pro Jahr! Jedermann weiß, daß auf den nur gering geneigten Hochflächen der Zentralalpen oberhalb von etwa 3300 m NN eine ewige Firnschnee- oder Gletscherdecke anzutreffen ist. Diese Daten sind besonders für alpine Piloten von Bedeutung, da sich über den in der Nacht stark ausgekühlten Schnee- und Eisflächen die Luft kaum erwärmen kann.

Im Winter sinkt die Schneegrenze im Alpenbereich – einen normalen Winter vorausgesetzt – bis in die Täler. Normalerweise reicht der Schnee zu Beginn der Streckenflugzeit (Ende März/Anfang April) noch bis ca. 2000 m NN hinab, während die Schneeschmelze in den höheren Gipfellagen erst Ende Mai abgeschlossen ist. Im Winter fallen die Sonnenstrahlen verhältnismäßig flach ein und führen zu geringerer Aufheizung – ganz besonders im Flachland –, so daß man besonders im Winter geländeorientiert (90° Sonneneinfallwinkel, entsprechende Hügel aussuchen) fliegen müßte. Das Problem im Winter ist die Kaltluftschicht unter der Bodeninversion, da es ja sehr lange Zeit braucht, um die während der langen Nacht abgekühlten bodennahen

Kaltluftmassen (Schnee- und Eisdecke) so weit aufzuheizen, daß sie thermische Entwicklungen zeigen können. Wo findet man im Winter Thermik? Während der Winterszeit muß man sich bei längerer Sonneneinstrahlung besonders die Überhitzung der entlaubten Wälder bei allgemeiner Schneelage zunutze machen. Das gleiche gilt für schneefreie Büsche an den Sonnenhängen! Gerade dort, wo die Bäume schneefrei sind, kann sich unter dem Geäst der dunklen Bäume bei relativ schwachem Wind genügend Warmluftvorrat ansammeln, der dann – wenn auch schwache – Aufwinde produziert. Vergleicht man einmal die Übertemperatur von blattlosen Bäumen im Winter und zeitigem Frühjahr mit der belaubter Bäume, so kann man deutlich feststellen, daß die Aufheizung über blattlosem Geäst wesentlich größer ist als über belaubtem Wald, der ja viel Energie zur Verdunstung benötigt. Unterstützt wird diese Entwicklung jedoch durch den schneebedeckten Boden, der die einfallenden Strahlen kräftig reflektiert. So kann sich im Baumbereich die bodennahe Luftschicht stärker erwärmen als im baumlosen Gebiet. Am besten jedoch findet man in winterlichen Hochdrucklagen thermische Aufwindfelder, wenn man am Sonnenhang am frühen Nachmittag schneefreie Büsche anfliegt, wobei dieser Effekt noch verstärkt wird, wenn solche Büsche entlang der Schneegrenze anzutreffen sind, bzw. über bereits aper gewordenen Südhängen. Schneefreie Flächen heizen sich wesentlich mehr auf, da über tauender Schneedecke die Temperaturen um null Grad gehalten werden und weiterhin sehr viel Energie zum Schmelzen benötigt wird. Häufig kann man exakt über der ungerade verlaufenden Schmelzlinie des Schnees ruppige Aufwindströme antreffen. Ebenfalls produzieren Nadelwälder über den noch mit Schneeflecken besetzten Rundungen der Berge bereits ausfliegbare Thermik. Verstärkt wird solche Winterthermik in bereits trockenem Geröll an der Sonnenseite von Felsabbrüchen. Gebiete mit Schmelzwassern sind kalt und somit thermikfeindlich. Die beste Flugzeit ist an solchen Flugtagen meist zwischen 12 und 15 Uhr MEZ, im späteren Winter – Ende Februar – fast bis 16 Uhr; später steht die Sonne meist schon flacher und somit kraftlos auf den entsprechenden Hängen. Ab Mittag stehen die Südost- bis Südhänge zum Fliegen bereit, während ab etwa 13 Uhr bis 15 Uhr die Süd- und Südwesthänge bessere thermische Aktivitäten ermöglichen. Nach 15 Uhr kämen die Südwest- bis Westhänge dran, die jedoch im Winter nicht mehr von der Sonne aufgeheizt werden können. Es kommt ab Mitte Februar nicht selten vor, daß bei tauender Schneedecke an bereits schneefreien oder nahezu ausgeaperten Sonnenhängen der Ursprung für Thermikstraßen (oder ähnliche Gebilde) liegt, die sich mit dem Differenzvektor des Windes zwischen Bodenwind und Wind an der Obergrenze der Thermikschicht verlagern. Häufig haben solch winterliche Thermikrollen 1,5 bis 3 km Ausdehnung, während ihre Lebenszeit bis zu 1 Stunde beträgt. Bedingt werden diese Aufwindfelder, die übrigens nicht symmetrisch sind, vorwiegend durch Kaltluftausbrüche, wie sie einerseits von riesigen tauenden Schneemengen an den Hängen hervorgerufen werden als auch andererseits durch die Aufheizung der unteren trockenen, schneefreien bodennahen Schichten. Übrigens läßt sich zu dieser Jahreszeit der Einfluß der Bodenart auf den Wärmehaushalt in der Bodenoberfläche beim Schmelzen von vor allem frisch gefallenem Schnee hervorragend beobachten. Da eine dünne Schneedecke bei guter Wärmeleitfähigkeit des Bodens rascher verschwindet als bei schlechter Wärmeleitung, kann man an der unterschiedlichen Auflösung einer Schneedecke auf Unterschiede in der Wärmeleitfähigkeit des Bodens für die bessere Flugzeit (Frühling bis Sommer) schließen. Denn: Ist beim Abtauen einer Schneedecke die aus dem Boden zugeführte Wärme alleine oder vorherrschend beteiligt (also keine Sonneneinstrahlung), so schmilzt die Schneedecke bei möglichst bedecktem Himmel zunächst auf dem Boden mit der höchsten, zuletzt über dem mit der geringsten Wärmeleitfähigkeit. Die Thermik ist ja bekanntlich aber über Böden mit geringer Wärmeleitfähigkeit am besten! Je mehr Strahlung eine Bodenoberfläche absorbiert, um so stärker erhitzt sie sich am Tage, wobei die Bodenfarbe selbstverständlich eine Rolle mitspielt. Je heller der Boden ist, desto geringer wird auch die Temperatur im Boden sein. Schnee beispielsweise hat ein sehr hohes Reflexionsvermögen. Um noch einmal auf die blattlosen Bäume über schneebedecktem Boden zurückzukommen: Die wirksame Oberfläche des unbelaubten Waldes ist die Oberfläche der Baumkronen. Hier und im Kronenraum wird ein solcher Anteil der einfallenden Strahlung absorbiert, daß nur noch etwa 5 % der an der Kronenoberfläche einfallenden Strahlung beobachtet werden. Der schneebedeckte Boden reflektiert zu $\frac{1}{5}$ bis $\frac{9}{10}$ die Strahlung. Je älter und größer somit die Baumkronen sind, desto effektiver sind im Winter dann diese Thermikspender. Aber nicht nur im Winter, sondern auch im Frühjahr, ehe die Laubbäume »ausschlagen«! Während der Einstrahlungszeit wird die Temperatur im Kronenbereich stark erhöht, so daß um Mittag und am frühen Nachmittag hier die höchsten Temperaturen festzustellen sind.

Nachfolgend zusammengefaßt noch einmal die wichtigsten Thermikquellen im Winter:
- Entlaubte Wälder
- schneefreie Büsche an Sonnenhängen (am besten entlang der Schneegrenze)
- auch schneefreie Nadelwälder
- sonnenbeschienene, schneefreie Flächen, wie trockenes Geröll bei Felsabbrüchen, Hausdächer, je dunkler desto besser
- Küstengebiete (warmes Meerwasser, kaltes Land)
- Beste Zeit für Winterthermik: 12 bis 15 Uhr Lokalzeit
- Schmelzwassergebiete sind zu meiden!

Auch für den Winter gilt, daß Thermik bevorzugt in Grenzbereichen zwischen geringem und hohem Albedo (= Verhältnis von eingestrahlter zu rückgestrahlter Energie) entsteht! Selbstverständlich gibt es dann gerade im Winter im Grenzbereich zwischen noch warmem Meereswasser und abgekühlten Küstenlinien eher Thermik als über nahezu gleich temperierten kontinentalen Geländestreifen. Leider steigt aber hier die Nebelhäufigkeit ebenso!

Thermik im Küstenbereich (nach Dr. Tanck)

Über feuchten Böden wird im späten Frühjahr soviel Luftfeuchtigkeit bereitgestellt, daß die Untergrenze der Thermikwolken dort tiefer liegt als über trockenerem Nachbargelände. Die Thermik kommt erst später am Tage in Gang als über den Trockenböden. Offene, kalte Wasserflächen dagegen verhindern Thermik. Weder wird über kalten Wasserflächen hinreichend Feuchtigkeit verdunstet, noch reicht die Wassertemperatur zur Thermikauslösung aus. Kommt kalte Seeluft über warmes Land, so tritt bei Erwärmung dieser Luft binnenwärts meist Blauthermik auf.

Künstliche Thermik – Industriethermik

In Segelfliegerkreisen ist es seit längerem üblich, die Aufwinde der Industrieanlagen mit auszunutzen. Für den Drachenflieger dürften diese künstlichen Bärte zukünftig auch interessant werden. Generell gilt es für alle Flieger dabei zu beachten, daß diese Art von Aufwind aufgrund der hohen Energiedichte häufig sehr eng und deshalb meist auch ziemlich verwirbelt ist. Besonders Kühltürme rufen kräftige Turbulenz hervor, wenn nur geringe Windgeschwindigkeiten anzutreffen sind. Häufig wird auch die Sicht durch Rauch oder den hohen Gehalt von Wasserdampf herabgesetzt. Außerhalb der thermikstarken Tageszeiten ist die Bedeutung dieser künstlichen Aufwindquellen vormittags und am späten Nachmittag wichtiger: Früh, wenn die natürliche Thermik noch nicht kräftig genug entwickelt ist und man Glück hat, diese künstliche Aufwindquelle in seine Streckenpläne mit einzubeziehen und weiter am späten Nachmittag, wenn u. U. die normale Thermik abzusterben beginnt. Tagsüber, wenn die Thermik voll entwickelt ist, wird die Industriethermik meist in die natürlichen Aufwindströme mit einbezogen, ganz besonders, wenn die Thermikschicht sehr hoch reicht, also kräftige Thermik entwickelt ist. Man darf sich nicht wundern, daß die durch Kühltürme erzeugte Konvektion auch im Winter die gleichen charakteristischen Eigenschaften haben muß wie die natürliche Konvektion. Besonders über Tage, bei geringerer Feuchte der Umgebungsluft, bildet die sichtbare Kühlturmfahne nur einen sehr kleinen Teil der tatsächlichen thermisch aktiven Fahne! Zuerst sollen zur Verdeut-

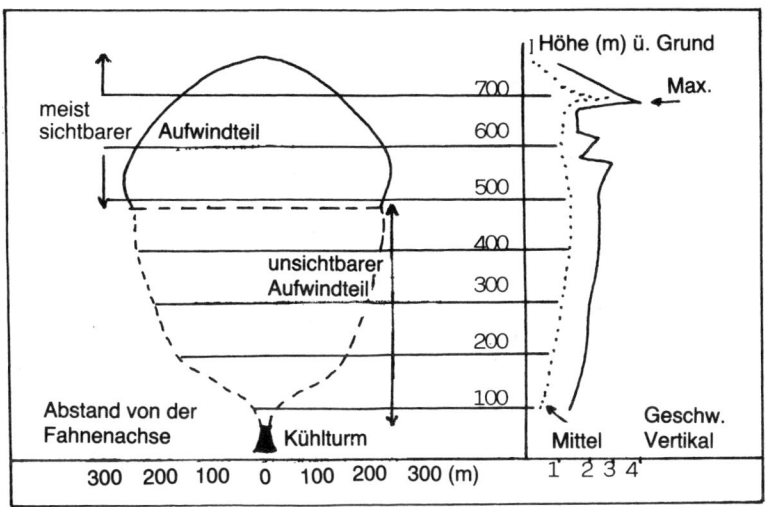

Modell eines Kühlturmaufwindes (nach Prof. Fortak)

lichung dieser Art von Aufwind einige charakteristische Eigenschaften erläutert werden:

– Bis zu Entfernungen, die das 10- bis 20fache der Kühlturmhöhe ausmachen, bildet die Fahne ein kompaktes, von der Umgebungsluft deutlich getrenntes Phänomen.

– Die Turbulenz innerhalb der Kühlturmfahne ist sehr energiereich.

– Eine Kühlturmfahne ist in der Lage, mit Hilfe von dynamischer Erosion (erzeugt duch die in ihr eingelagerten Zirkulationsmechanismen) Sperrschichten beachtlicher Stärke in weiterer Distanz vom Kühlturm zu durchbrechen und sich sogar oberhalb dieser Inversion neu als Aufwindfahne oder Cumulus zu formieren.

Genauso verhält sich normalerweise auch kräftige, natürliche Thermik, die zur Bildung von Quellwolken führt! Um einmal eine Vorstellung von solch einer Industriethermik zu bekommen, sollen die nachfolgenden Bilder den durchschnittlichen Fall bei winterlichen Wetterverhältnissen (mit indifferenter bis stabiler

79

Schichtung) zeigen. Nicht selten kann beobachtet werden, daß bei Vorhandensein einer Sperrschicht in den unteren Schichten (wie im Winter ja häufig der Fall) sich die künstlichen Thermikzellen unterhalb der Sperrschicht weit horizontal ausbreiten, was später auch bei normaler Thermikentwicklung – besonders im Spätwinter/Frühjahr – zu beobachten ist.

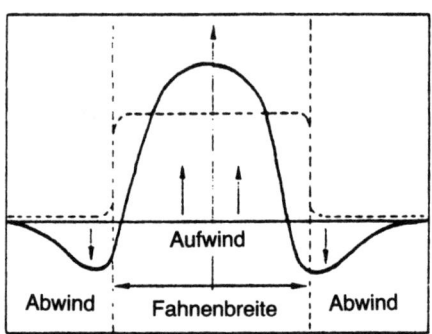

Auf- und Abwindstruktur im Fahnenbereich (nach Prof. Fortak)

Zusammenfassend kann über die intensive Kühlturmfahnenthermik, die ohne weiteres starker, natürlicher Thermik entspricht, festgestellt werden, daß nachfolgende Eigenschaften wesentlich zu sein scheinen:
- Die einzelnen Thermikelemente, welche die Fahne bilden, steigen aufgrund ihres Auftriebes kompakt und von der Umgebungsluft getrennt auf.
- Die zu diesem Aufstieg und zur Vergrößerung des Durchschnittes ihrer Massenzufuhr notwendige Umgebungsluft wird hauptsächlich an der Unterseite bezogen.
- Ausgeprägt ist eine deutliche Flankenzirkulation mit scharfen Temperatur- und Feuchtesprüngen, die genau dort anzutreffen sind, wo die Vertikalgeschwindigkeit die größten abwärts gerichteten Werte annimmt.
- Die Länge der sichtbaren Kühlturmfahne steht im direkten Zusammenhang mit der relativen Feuchte der Luft.

80

- Während Tageszeiten mit Einstrahlung ist infolge abnehmender Feuchte auch stets mit einer Abnahme der sichtbaren Kühlturmfahnenlänge zu rechnen.
- Die Aufstiegswerte unter einer »normalen« Kühlturmfahne liegen zwischen 1,5 m/s in etwa 150 m über Grund und 4 m/s in etwa 700 m über Grund.

Aus der Abbildung auf Seite 79 erkennt man, daß die Fahne, durch die Vertikalgeschwindigkeit dargestellt, deutlich unterhalb der Kondensationshöhe ausgeprägt ist. Diese Verhältnisse entsprechen exakt denjenigen der natürlichen Thermik, wo sich unterhalb der Basis der Quellwolke ein ausgeprägtes Aufwindgebiet befindet. Außerhalb der Fahne sind Absinkgebiete um 1,5 m/s häufiger ausgeprägt (siehe Abb. auf Seite 80). In den Randbereichen dieser Industriethermik kommt es also auf relativ engem Raum zu beachtlichem Auf- und Absteigen von Luftkörpern und ruft die bereits zitierte – mitunter kräftigere! – Turbulenz hervor, nicht zu reden von manchmal recht üblen Gerüchen dieser »Industriebetriebe«!

Beispiel einer »idealen« Thermiklage

Eine gute Thermiksituation hat überwiegend die Eigenart, sich allmählich und langsam aufzubauen. Kräftiger Luftdruckanstieg zeigt meist nur ein rasch durchwanderndes Zwischenhoch an, das vielfach am Spätnachmittag durch Warmluftzufuhr in der Höhe die nächste Störung ankündigt und somit die thermische Aktivität beeinträchtigt, ja sogar frühzeitig beendet. Um jedem Leistungs-flieger einmal zu helfen, den »Wetterblick« zu schärfen, soll nachfolgend eine ideale Flugwetterlage vorgestellt werden. Man kann nämlich auf einer Wetterkarte – beispielsweise im abend-lichen Fernsehwetterbericht! – eine gute Fluglage wie folgt erken-nen (siehe dazu auch die Illustration auf folgender Seite):

a) Die höhenkälteste Luft (= Trog) befindet sich hinter der Kaltfront mit Schauern, deshalb die Regel, daß der zweite Tag nach der Kaltluftpassage für den Leistungsflug sehr gut ist.

b) Absinken auf der westlichen Seite der höhenkalten Luft führt zur Ausbildung kleinerer Quellwolken.

c) Wolkenstraßen bilden sich dort, wo einerseits noch ein kräfti-ger Gegensatz in den unteren Schichten vorhanden und ande-rerseits die Obergrenze der Quellwolken durch Absinken begrenzt ist. In der Nähe des Höhentiefs kommt es nicht zu Wolkenstraßenbildung, da hier die Labilität Umlagerungen hervorruft.

d) Gebiete mit einer mittleren Anzahl kleinerer Quellwolken sind die für den Leistungsflug geeignetsten. Einerseits ist die Luft kalt und labil in den unteren Schichten, und andererseits wird die Konvektion durch eine Absinkinversion begrenzt. Die Wolkenbasis liegt wegen der relativ geringen Feuchte hoch.

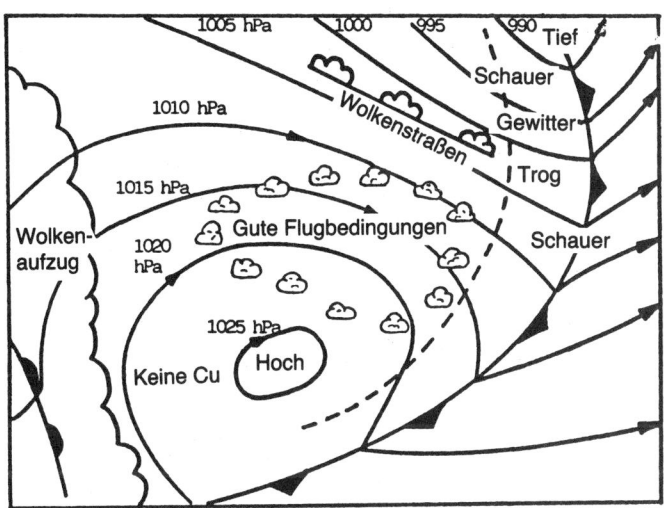

Beispiel einer »idealen« Thermikwetterlage!

e) Vor der sich nähernden Warmfront wird die Sonneneinstrahlung auf der Westseite des Hochs bereits wieder durch Wolken-
aufzug im hohen und mittelhohen Niveau reduziert.

f) An guten Flugtagen herrscht hoher Luftdruck zwischen durchschnittlich 1017 und 1024 hPa vor, was aus folgendem Grund
verständlich ist: Bei diesen Luftdruckwerten ist am ehesten
gewährleistet, daß im Konvektionsraum, der durch eine
Absinkinversion begrenzt ist, labile Kaltluft anzutreffen ist,
während oberhalb der Sperrschicht trockene Höhenluft lagert.
Zugleich nimmt ab 1017 hPa Luftdruck statistisch gesehen die
Schauer- und Gewitterwahrscheinlichkeit kraß ab. Andererseits sind bei Luftdruckwerten oberhalb 1024 hPa die Absinkvorgänge bereits so kräftig, daß entweder keine wesentliche
Quellwolkenbildung mehr zu erwarten ist oder die Absinkinversion bereits zu tief liegt. Bei ortsfesten Hochdruckgebieten
ohne Luftmassenänderung kann man beobachten, daß pro
Hochdrucktag die Auslösetemperatur im Mittel um eine
Stunde später erreicht wird.

Meteorologische Merkmale einer guten regionalen Thermiklage

– Mäßig trockene, eher kalte Luft mit labiler vertikaler Schichtung bis 1500, besser 2000 m über Grund, darüber eine Absinkinversion.
– Totales Fehlen schichtförmiger Bewölkung
– Nach meist klarem Morgen mit guter Sonneneinstrahlung einsetzende flache bis mäßige Cumulusentwicklung von ⅛ bis ⅛ Gesamtbedeckung. Wolkenbasis mindestens 1500 m über Grund. Keine wesentliche Ausbreitung an der Inversion, keine Überentwicklung.
– Schwache oder nur mäßig starke Winde im Thermikraum, möglichst im Sinne einer Rückenwind-Unterstützung.
– Anhalten der Gesamtsituation mindestens über den gesamten Tag, keine Front im Umkreis von 300 bis 400 km (keine Gefahr von Aufzugsbewölkung bzw. Warmluft!).

Klassifikation der Thermik

Thermikstufe	mittleres Steigen
gering	$\leq 0,5$ m/s
mäßig	$> 0,5$ bis $\leq 1,5$ m/s
gut	$> 1,5$ bis $\leq 2,5$ m/s
sehr gut	$> 2,5$ m/s

Geringe Thermik

Die direkte Sonnenstrahlung ist nahezu vollkommen durch eine vertikal mächtige Schichtwolke mit einem Bedeckungsgrad von bis zu ⁸⁄₈ abgeschirmt, so daß nur geringe Thermikentwicklung möglich ist.

Mäßige Thermik

Diese Einstufung sollte beim Auftreten von einem oder mehreren der folgenden meteorologischen Einflüsse begründet sein:
- Warmluftzufuhr in etwa 1500 m Höhe (= Stabilisierung)
- Windgeschwindigkeit größer 45 km/h in etwa 1000 m (zerrissene Thermik)
- Abschirmung durch Ci, Cs und dünnen As (verminderte Einstrahlung)

- Tendenz zur Ausbreitung von Quellwolken unter einer Sperr-schicht
- Regionale Überentwicklung (Tendenz zur Schauer- oder Ge-witterbildung)
- Quellwolkenbasis unterhalb von 750 m über Flachgrund.

Gute Thermik

- Keine beeinträchtigenden Faktoren werden erwartet
- Kaltluftzufuhr in etwa 1500 m und/oder Cumulusbasis höher als 1200 m Flachgrund.

Sehr gute Thermik

- Sehr gute Thermik ist gegeben, wenn maximal $\frac{3}{8}$ Cu oberhalb 2500 m Flachgrund angetroffen werden.

Für Blauthermik gilt

Mäßig: Blauthermik reicht bis maximal 1000 m Flachgrund
Gut: Aufwinde reichen bis etwa 2000 m Flachgrund
Sehr gut: Inversion oder stabile Schicht höher als 2500 m Flach-grund.

Thermikende

Bei normalen Hochdruckwetterlagen (advektionsfrei) endet die Thermik im Flachland etwa 2 bis 3 Stunden vor Sonnenuntergang. Im Bergland (ohne Rücksicht auf Umkehrthermik) verkürzt sich diese Zeit auf etwa 1 Stunde vor Sonnenuntergang. Bei *anhaltender Kaltluftzufuhr in etwa 1500 m Höhe* (= Kaltluftadvektion) darf man den Zeitpunkt des Thermikendes dem Sonnenuntergang gleichsetzen.

Bei *alternden Hochdruckgebieten* und vor allem bei *Warmluftadvektion* endet die Thermik meist 2 bis 3 Stunden nach dem Einstrahlungsmaximum!

Übrigens: Pro Grad Temperaturanstieg – von der Auslösetemperatur ausgehend – steigt die Basis der Quellbewölkung um 125 m weiter an!

Segelflugwetterbericht

Dieser Bericht stellt neben den eigenen Beobachtungen und Erfahrungswerten das Gerüst eines möglichen Fluges dar. Ehe wir eine Auflistung der infrage kommenden Kriterien in Tabellenform betrachten können, sollen erst einige Bereiche der Unsicherheit in der Wettervorhersage behandelt werden, um Verständnis für die Meteorologen zu wecken.

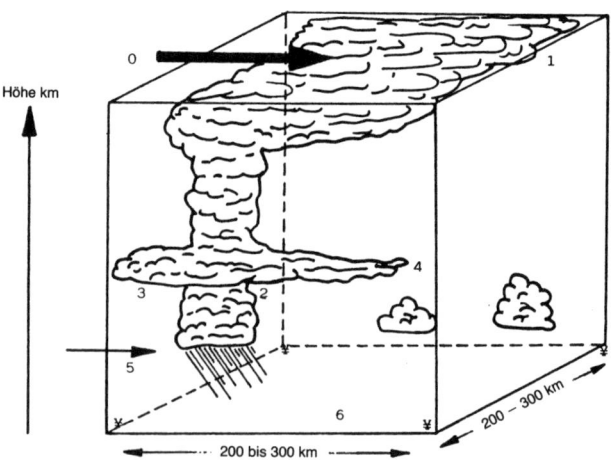

Bereiche der Unsicherheit bei der Wettervorhersage
(zeitliche und örtliche Informationslücken)

0 = Oberstes Strömungsfeld
1 = Auftreten von Cirren
2 = Ausbreiten von Cb
3 = Schichtung (labil oder stabil)

4 = Ausbreitung von Ac/As
5 = Unterstes Strömungsfeld
6 = Bodeneinfluß
⊻ = Radiosondenstation

88

Nebenstehende Abbildung gibt die Unsicherheitsbereiche bei der Wettervorhersage wieder. Wenn man bedenkt, daß zur Prognose nur Radiosonderstationen (= ⊻) im Abstand von bis zu 300 km zur Verfügung stehen, so darf es nicht verwundern, daß innerhalb des Würfels »Atmosphäre« zeitliche und örtliche Informationslücken auftreten können.

Thermikkriterien beim Segelflugwetterbericht

Über den Segelflugwetterbericht braucht man an dieser Stelle keine weiteren Worte mehr verlieren. Besser wäre es zu erklären versuchen, welche Wetterbedingungen für einen guten Thermiktag erfüllt sein müssen!

1) Es muß frische und relativ trockene Kaltluft (= Festlandskaltluft) eingeströmt sein.
2) Fließt keine Kaltluft mehr nach, so muß das Hauptaugenmerk darauf gerichtet sein, daß der Höhentrog bereits das vorgesehene Fluggebiet überquert hat. Dieser Trog stellt nämlich das Gebiet der höhenkältesten Luft dar und würde verbreitet Schauer, Gewitter bzw. Überentwicklungen hervorrufen (siehe dazu auch Abb. auf Seite 83!).

Andererseits muß die den Konvektionsraum vertikal begrenzende Sperrschicht (meist eine Absinkinversion) genug Platz für Thermikentwicklungen zulassen. Deshalb sollte diese Absinkinversion auch nicht unter 2000 m NN, im Gebirge nicht unter 3000 m NN vorzufinden sein. Denn: Man darf nicht vergessen, daß bei weiterem Luftdruckanstieg am Boden diese Sperrschicht auch noch weiter absinkt. Durchschnittlich sinkt Luft bei einem Druckanstieg von ca. 0,3 hPa pro Stunde um 25 bis 30 m pro Stunde ab. Das bedeutet, daß die um Mitternacht durch die Radiosonde festgestellte Sperrschicht mittags – also nach 12 Stunden – bereits

THERMIK	Tiefe	WOLKEN Hohe und/oder Mittelhohe	HÖHE der wirksamen Thermik	ZEITRAUM	STEIGEN in m/s Prognose!	WIND-EINFLUSS	TEMPERATUR-GRADIENT* pro 100 m Höhenunterschied in °C
Keine!		Völlige Abschirmung 7 bis 8 st/sc/as/ns					kleiner 0,3 °C
Schwach oder gering!		5 cu/sc und/oder 3 bis 6 ci / 3 bis 6 ac/as	1200 m** / 1500 m***	3 Stunden	bis 1 m/s	Windzunahme von ca. 10 km/h pro 100 m Höhe Windzunahme von ca. 5 km/h pro 100 m Höhe	0,3 bis 0,8 °C
Mäßig!		3 bis 4 cu/sc und/oder einzelne durchziehende Wolkenfelder 5 ci/cs/as/sc	ab 1200 m** / ab 1500 m***	3 bis 5 Stunden	1 bis 2,5 m/s	zerrissene Thermik ist selten mäßig bis gut	0,6 bis 0,8 °C und bei überadiabatischer Entwicklung
Gut!		1 bis 3 cu / keine	ab 1500 m** / ab 2000 m***	5 Stunden	mehr als 2,5 m/s	Zerrissene Thermik ist anzunehmen ab 30 km/h Bodenwind und/oder 40 km/h in 1000 m Höhe	0,8 bis 1,0 °C

* Für die Beurteilung von Thermik ist der Temperaturgradient von sehr nachgeordneter Bedeutung!

** Höhe bei Wolkenthermik

*** Höhe bei reiner Blauthermik (wobei bis zu 1/8 cu eingeschlossen ist!)

um etwa 350 m tiefer liegt und abends gegen 18 Uhr z. B. nicht mehr in 3000 m – wie im Temp festgestellt –, sondern bereits bei etwa 2500 m angetroffen wird. Bei niedrigerer Lage der Sperrschicht fällt diese Tatsache noch stärker ins Gewicht.

Ist eine Absinkinversion vorhanden und der Luftdruck fällt konstant, aber nicht zu stark (bis zu 0,3 hPa/Stunde), so kann man auch nochmals einen guten Flugtag erwarten, da dann die Absinkinversion allmählich ausgeräumt wird und eine schon leicht stabilisierte und etwas gealterte Luftmasse durch den Luftdruckfall und der damit verbundenen Hebung wieder labilisiert wird. (Jeder kennt doch die energiereiche Lage nach mehreren Hochdrucktagen, wenn eine Kaltfront naht!) Zwar wird morgens die Thermik etwas verspätet beginnen, da eine alternde Luftmasse eine spätere Auslösung bewirkt, doch wird der Thermiktag lange andauern, wenn die Kaltfront, welche den Luftdruckfall verursacht, morgens noch weiter als 400 bis 500 km entfernt ist. So können auch keine abschirmenden Wolken hindernd wirken, höchstens nachmittags von der Tiefseite her. Doch kann hier überlegte Routenwahl noch einen langen Flugtag möglich machen.

Die beste nutzbare Thermiklage stellt sich jedoch ein, wenn ein Luftmassenwechsel stattgefunden hat, eine wohldefinierte Absinkinversion angetroffen werden kann und im Konvektionsraum (also im Gebiet vom Boden bis zur Sperrschicht) weiterhin noch Kaltluft nachströmt. Wir wissen, daß sich dieses Einströmen der Kaltluft an der Linksdrehung der Winde mit der Höhe bemerkbar macht. In diesem Falle spricht der Wetterbericht von anhaltender Kaltluftadvektion!

Man darf sich vor Thermikbeginn nicht durch den unter Umständen relativ starken Wind täuschen oder verwirren lassen. Bei Thermikbeginn findet ja ein vertikales Durchmischen statt. Dieser vertikale Impulsaustausch schwächt deshalb auch in den meisten Fällen den bodennahen Wind ab und sorgt für einen guten Ausgleich. Dies kann selbstverständlich nicht geschehen, wenn durch die Luftdruckverteilung der Wind sowieso kräftig mit der Höhe zunimmt.

TV-Bild

Mit großer Wahrscheinlichkeit wird man sich bereits am Vorabend – zumindest im Fernsehen – am kommenden Wetter orientieren. Man sollte dann darauf achten, daß auf der Fernseh-Wettervorhersagekarte die Isobaren (= Linien gleichen Luftdruckes am Boden) hinter einer möglichst abziehenden Kaltfront antizyklonal und nicht zyklonal gekrümmt sind. Bei zyklonaler Ausbuchtung herrscht noch überwiegend große Labilität vor, die auch Schauer und Gewitter verursachen kann, während die antizyklonale Krümmung die Schauerbildung überwiegend unterdrückt.

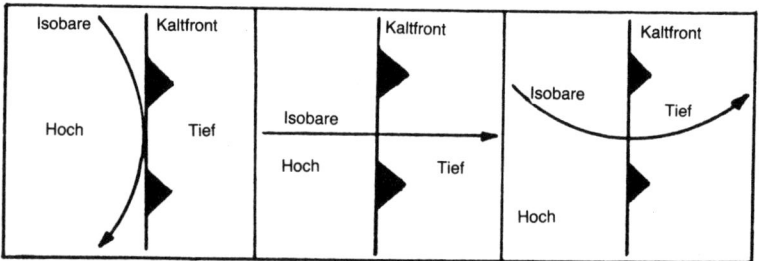

antizyklonale Krümmung der Isobaren: Rasche Wetterbesserung auf der Rückseite der Kaltfront	geradliniger Verlauf: Rascher Durchzug der Kaltfront	zyklonale Krümmung der Isobaren: Starke Quellbewölkung mit Schauern, keine rasche Besserung!

Man muß auch acht geben, wenn eine Front in der aktuellen Fernsehwetterkarte gezeigt wird, diese aber in der folgenden Vorhersagekarte nicht mehr auftaucht, d. h., daß sie wetterunwirksam werden soll. Meist zeigt dazu aber das Satellitenbild immer noch Wolkenfelder, die für Sie bei einem möglichen Streckenflug böse Überraschungen in Form von noch vorhandenen Abdeckungen bringen können.

Gute Thermikwetterlagen entwickeln sich überwiegend langsam, wobei ein allmählicher Aufbau meist noch etwas günstiger ist als ein Abbau, da ja beim ersteren die Luftmasse noch rein ist. Am günstigsten wäre selbstverständlich eine Lage ohne Änderung. Diese gibt es jedoch nicht! Selbst wenn alle Luftdruckgebilde gleich bleiben, so altert doch die Luftmasse und verkürzt pro Tag im Mittel die Thermikzeit um eine bis zwei Stunden. Bei schnellen Änderungen wird der Zustand der Atmosphäre, der für den Leistungsflug am besten ist, zu rasch durchschritten, so daß dann entweder bei Beginn oder gegen Ende die Verhältnisse weniger gut oder sogar schlecht sind.

Hat man das Beispiel eines Zwischenhochs, so darf man sich hier anfangs durch hohe Feuchtwerte nicht stören lassen, zumal womöglich der Wind mit der Höhe nach rechts dreht: Kräftiger Luftdruckanstieg (mehr als 1 hPa/Stunde) verursacht durch Absinken Erwärmung. Deshalb ist die Kaltluftzufuhr in der Höhe des Absinkens unterbunden. Die darunter befindliche Luftmasse selbst ist jedoch eine frische Luftmasse, die jedoch relativ rasch stabilisiert wird. Dem muß man also planungsmäßig begegnen!

Beim Zwischenhoch empfiehlt es sich im allgemeinen bei Dreieckflügen direkt in den Hochkern zu fliegen, da die Absinkvorgänge beim thermischen Hoch auch im Kern noch nicht allzu stark ausgeprägt sind. Den westlicheren Wendepunkt sollte man zuerst anfliegen, um damit entweder in den stabileren Bereich ohne Überentwicklung einzufliegen, oder um sich nicht noch in den Spätnachmittagsstunden der nächsten atlantischen Störung von Osten her nähern zu müssen. Beim dynamischen Hoch (= steuerndes, bis in große Höhen reichendes Hochdruckgebiet) muß man sich vom Hochkern weg orientieren, da im Zentrum des Hochs die Thermik schon sehr arg in Mitleidenschaft gezogen wird (Absinken bis fast zum Boden!). Die besten Bedingungen herrschen bei beiden Hochdruckgebilden auf ihrer östlichen Seite (siehe auch Abb. auf S. 83). Wie bereits erwähnt, sollte man sich auf alle Fälle in den Gebieten der Druckgebilde bewegen, wo die Isobaren antizyklonal gekrümmt sind. Fliegt man mit Windunterstützung z. B. freie Strecken, so muß man darauf achten, daß sich der Abstand der Isobaren in Strömungsrichtung nicht zu sehr vergrößert. Das würde nämlich bedeuten, daß die einfließende Kaltluft immer langsamer und auch sehr flach einströmen würde. Verringert sich der Abstand, so nimmt die Windgeschwindigkeit zu, was in unserem Beispiel auch durch höherreichende Kaltluftzufuhr begleitet würde. Der beste Streckenkurs verliefe praktisch im Grenzbereich zwischen Hoch und Tief!

Einige Jahre Erfahrung im Beratungsdienst zeigen, daß im Frühjahr mit längeren Streckenflügen in den Alpen begonnen werden kann, wenn die Täler meist schneefrei geworden sind, d. h. die Schneegrenze auf etwa 1500 bis 1800 m NN angestiegen ist. Dann sind offenbar auch in höheren Lagen genügend Fels- und Schuttflächen aper geworden und somit als Thermikquellen verwertbar. Dies führt dann zu enger, örtlich begrenzter, aber sehr kräftiger Thermik, die zudem noch leicht zu finden ist. An sehr guten Thermikflugtagen über den Alpen sollte die Luftdruckdifferenz zwischen Alpennord- und Alpensüdseite ziemlich ausgeglichen sein. Nordkomponenten des Windes haben am Alpennordrand eine etwas tiefere Wolkenbasis zur Folge. Ungünstig ist mäßig bis starker Luftdruckanstieg auf den höheren Bergen, der auf starke Warmluftzufuhr oder Absinken schließen läßt. Einen guten Hinweis auf die Labilitätsverhältnisse liefert häufig die Temperaturdifferenz zweier verschieden hoher Bergstationen. Hier beispielsweise Hohenpeißenberg (977 m) und Zugspitze (2960 m) oder Säntis (2500 m) und Jungfraujoch (3573 m): Demnach können (nach Truog) statistisch gute Lagen erwartet werden, wenn die Temperaturdifferenz Hohenpeißenberg – Zugspitze zwischen 12 und 15 Grad und bei Säntis und Jungfraujoch zwischen 6 und 9 Grad liegt. Außerhalb dieser angegebenen Bereiche ist die Chance auf eine gute Lage sehr gering. Der Mittelwert von ca. 7,5° der Temperaturdifferenz Säntis – Jungfraujoch entspricht einer Temperaturabnahme von etwa 0,7°/100 m, der Mittelwert 13° der Differenz Hohenpeißenberg – Zugspitze etwa 0,65°/100 m. Dies entspricht ungefähr dem feuchtadiabatischen Temperaturgradienten, was bei vernünftigen Fluglagen klar ist.

Planung für gute Thermiksituationen

Das Grundschema zur Planung, das anschließt, beinhaltet alle Kriterien, die zweigeteilt sind in a) Pilotenfaktor und b) meteorologischer Faktor.

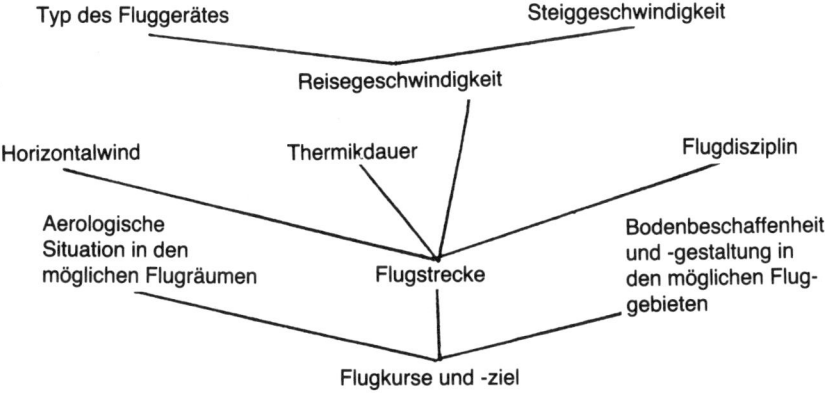

Geht man konsequent und ehrlich – auch sich selbst gegenüber – Punkt für Punkt in diesem Schema durch, so kommt man auf die machbaren Streckengrößen des Tages, wobei man nur noch die meteorologischen Daten möglichst exakt bekommen muß.

Hat man sie erhalten, so kann man anhand der auf der folgenden Seite obenstehenden Tabelle Streckengrößen – der anzutreffenden Thermik gemäß – planen und in Angriff nehmen.

95

Planungshilfe für Streckengrößen
bei entsprechender Thermikgüte

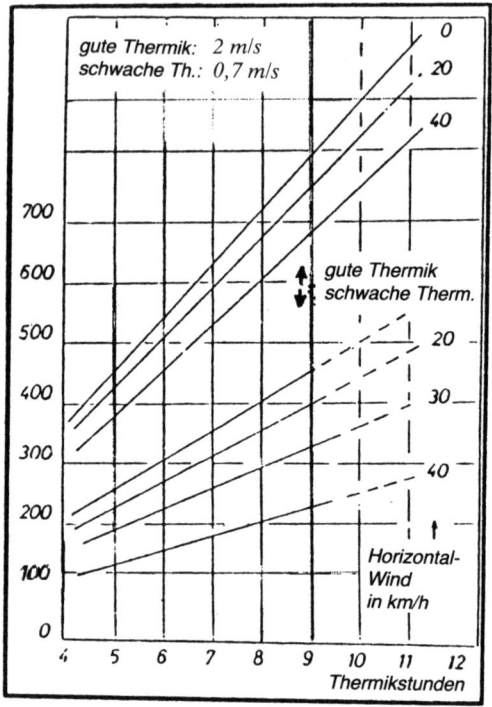

Für Drachenflieger wird obige Tabelle wohl noch nicht repräsentativ sein, da deren Schnittgeschwindigkeit und Gleitwinkel doch noch um einiges hinter denen der Segelflieger zurückhängt. Eine wesentlich genauere, dafür aber aufwendigere Art der Thermikgütebestimmung wird auf der folgenden Seite vorgestellt, in dem zwei »Thermik-Checklisten« – anwendbar entweder für Flachland/Mittelgebirgsraum oder für die Alpen – alle wichtigen Wetterparameter beinhalten und abgefragt bzw. abgehakt werden können. Hierzu benötigt man allerdings die rechten Ansprechpartner in Sachen Wetter! Diese Checklisten basieren auf Arbeiten von Gaudenz Truog, Manfred Kreipl und Kurt Panosch.

96

Thermik-Checkliste Flachland/Mittelgebirge

	+	−
Isohypsenkrümmung 850 hPa *nicht* zyklonal	☐	☐
Windrichtung 850 hPa, W-N-E oder variabel	☐	☐
Windstärke 850 hPa, kleiner als 15 Knoten	☐	☐
Isohypsenkrümmung 700 hPa, *nicht* zyklonal	☐	☐
Isohypsenkrümmung 500 hPa, *nicht* zyklonal	☐	☐
Windstärke 700 hPa, kleiner als 15 Knoten	☐	☐
Wind der entspr. Radiosonde in 500 hPa, W-N-E, dabei Windstärke kleiner als 15 Knoten	☐	☐
Taupunktdifferenz der Radiosonde 00 UTC (GMT) in 850 hPa 6–10 Grad (= Spread)	☐	☐
dasselbe in 500 hPa, jedoch größer als 10 Grad	☐	☐
Luftdruckänderung Bergstation ± 1 hPa / 3 Stunden (evtl. Zugspitze, Sonnblick, Hohenpeißenberg)	☐	☐
Luftdruck (QFF) Innsbruck 06 UTC (GMT) 1016 bis 1023 hPa	☐	☐
Luftdruckunterschied Alpensüd- zur Nordseite ± 2 hPa (evtl. Mailand – Innsbruck)	☐	☐
Windrichtung Bergstation (s.o.) 06 UTC (GMT) S – W oder windstill	☐	☐
Windstärke Bergstation (s.o.) 06 UTC kleiner als 15 kt	☐	☐
Sicht Bergstation (s.o.) 06 UTC größer als 25 km	☐	☐
Gesamtbewölkung Bergstation (s.o.) 06 UTC kleiner als 4/8	☐	☐
Temperaturdifferenz Hohenpeißenberg – Zugspitze 12 bis 15 Grad	☐	☐
Niederschlag Alpen Vortag 18 – 06 UTC (GMT) vereinzelt leichter bzw. kein Regen (zählt doppelt)	☐☐	☐☐
Niederschlag Alpen Vortag 06 – 18 UTC (GMT) kein Regen oder höchstens örtlich (zählt doppelt)	☐☐	☐☐
Temperaturdifferenz 850 – 500 hPa, kleiner als 25 Grad	☐	☐
Total Minuspunkte:		☐

Thermik-Checkliste Alpen (Fluggebiet Tirol)

	+	−
Isohypsenkrümmung in 850 hPa **nicht** zyklonal	☐	☐
Windrichtung in 850 hPa variabel, W-N-E	☐	☐
Windstärke in 850 hPa kleiner als 15 Knoten	☐	☐
Isohypsenkrümmung in 700 hPa **nicht** zyklonal	☐	☐
Windstärke in 700 hPa kleiner als 15 Knoten	☐	☐
Isohypsenkrümmung in 500 hPa **nicht** zyklonal	☐	☐
Wind 00 GMT nächste Radiosondenstation (z.B. Essen, Hannover, Stuttgart, München etc.) in 500 hPa Richtung W-N-E und Stärke kleiner als 25 Knoten (Hier muß die entsprechend repräsentative Radiosonde für das betreffende Fluggebiet ausgewählt werden!)	☐	☐
Sperrschicht (Inversion, Isothermie, stabile Schicht oder markantes Abtrocknen von mehr als 10 Grad Spread) der nächsten repräsentativen Radiosonde zwischen 2000 und 3000 m NN	☐	☐
Luftdruck (QFF) 06 GMT zwischen 1015 und 1023 hPa (zählt dreimal) (Hier kann zentraler Ort im möglichen Flugraum selbst ausgewählt werden, z.B. Frankfurt)	☐☐☐	☐☐☐
Windstärke im Mittelgebirgsraum 06 GMT kleiner als 15 Knoten (zählt dreimal) (z.B. Wasserkuppe, Kahler Asten, Feldberg im Taunus oder Schwarzwald etc.)	☐☐☐	☐☐☐
Sicht an der ausgewählten Bergstation (s.o.) um 06 GMT größer 20 km (zählt doppelt)	☐☐	☐☐
Gesamtbewölkung an dieser Station kleiner 4/8 (zählt doppelt)	☐☐	☐☐
Regen in der Nacht, höchstens vereinzelt	☐	☐
Regen 06-18 GMT Vortag nur örtlich, gering	☐	☐
Luftdruckanstieg/-fall kleiner 1hPa/3 Stunden	☐	☐
Total Minuspunkte:		☐

**Auswertung: Gute Thermik bei 5 oder weniger Minuspunkten.
Ab 10 Minuspunkten ist ein XC-Wettbewerb nicht mehr sinnvoll.**

Einige Erklärungen zu vorigen Checklisten sind noch angebracht. Die Definition aus der Entstehungsgeschichte heraus für einen *guten Thermiktag* lautet:

Als *guter Thermiktag* (= guter Streckenflugtag) wurde ein Tag ausgewählt, der für den Segelflugsport *mindestens* einen 500-km-Flug ermöglichte! Dann liegt der »Verdacht« nahe, daß es auch für den Deltaflugsport ein guter Flugtag war!

Als *mäßiger Thermiktag* (= mittelguter Streckenflugtag) galt bei den statistischen Überlegungen ein Segelflugtag mit mindestens 300-km-Flügen! Somit war großräumig mit dem Wetter kaum »Staat zu machen«!

Als *schlechter Thermiktag* (= schlechter Streckenflugtag), also mit ungünstigem Wetter für Streckenflugvorhaben, zählt, wenn keine größeren Flüge in der Statistik erschienen.

Wie entsteht so eine Checkliste? Im Prinzip werden die mäßigen und guten vergangenen Thermiktage auf verschiedene met. Parameter untersucht, wobei jedoch die Pilotenfaktoren (Taktik, Tagesform etc.) außer acht gelassen werden mußten. Bei der Untersuchung nach den verschiedenen met. Hilfsgrößen stellt sich dann heraus, daß an guten und auch an mäßigen Tagen eine bestimmte Anzahl von Wetterelementen übereingestimmt haben. Die ebenfalls noch nötigen Grenzwerte wurden so gewählt, daß die notwendigen Werte der mäßigen und guten Lagen nahezu zu 90 % eingeschlossen sind. Dies bedeutet, daß diese JA/NEIN-Grenzwerte fast die für einen Flugtag nötigen Bedingungen bezüglich der einzelnen Wetterelemente definieren! Folglich sind gute Thermikbedingungen zu erwarten, wenn es keine NEIN-Aussage gibt. Sind einzelne Punkte der Checkliste nicht erfüllt, ist je nach Anzahl der Minuspunkte mit weniger guten oder sogar ungünstigen Verhältnissen zu rechnen. Für den Alpenraum muß man eindeutig feststellen, daß es entweder nur gute oder schlechte Tage (= Wolkenbasis unter Kammhöhe) gibt. Bei Überprüfungen ergab sich, daß 76 % als richtig, 21 % ziemlich richtig und nur 3 % als vollkommen falsch eingestuft wurden!

Das »Normaljahr« im statistischen Ablauf

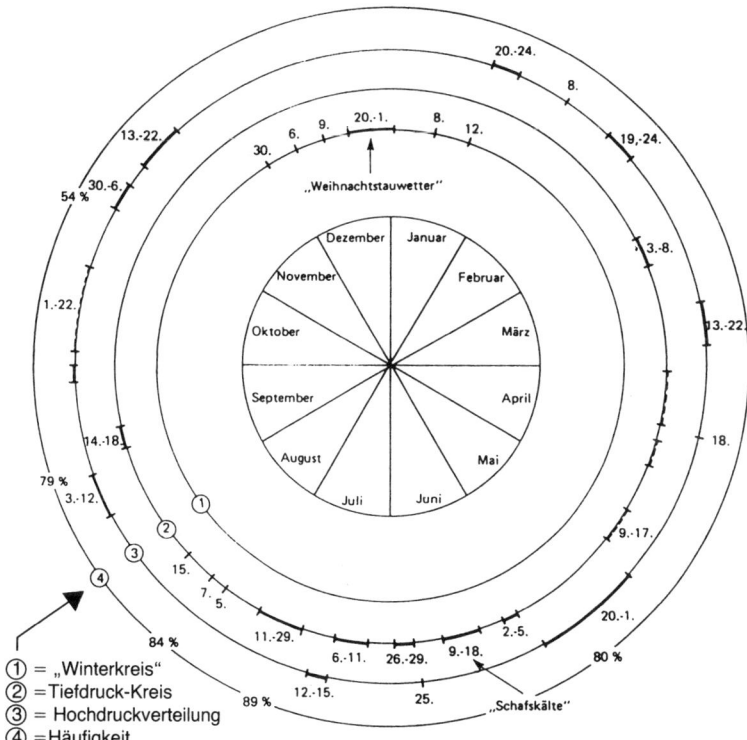

① = „Winterkreis"
② = Tiefdruck-Kreis
③ = Hochdruckverteilung
④ = Häufigkeit

Die statistische Häufigkeitsverteilung günstiger (= Hochdruck-wetterlagen) und ungünstiger Wetterlagen (= Tiefdruckperioden bzw. »Europäischer Monsun«-Phasen) zeigt obige Abb. Zur Planung von Wettbewerben bzw. Urlaubszeiten oder Fluglager – einen »normalen« Jahresrhythmus vorausgesetzt! – hilft diese Darstellung schon. So trifft man beispielsweise in der Zeit zwischen dem 20. Mai bis Anfang Juni zu 80 % Wahrscheinlichkeit gutes Thermikwetter an, wobei ein Schwanken um diesen Zeitraum ganz normal ist. Bei laufender Wetterbeobachtung wird man so leicht eine sich anbahnende gute Thermiksituation kaum verpassen können.

99

Thermische Streckenplanung

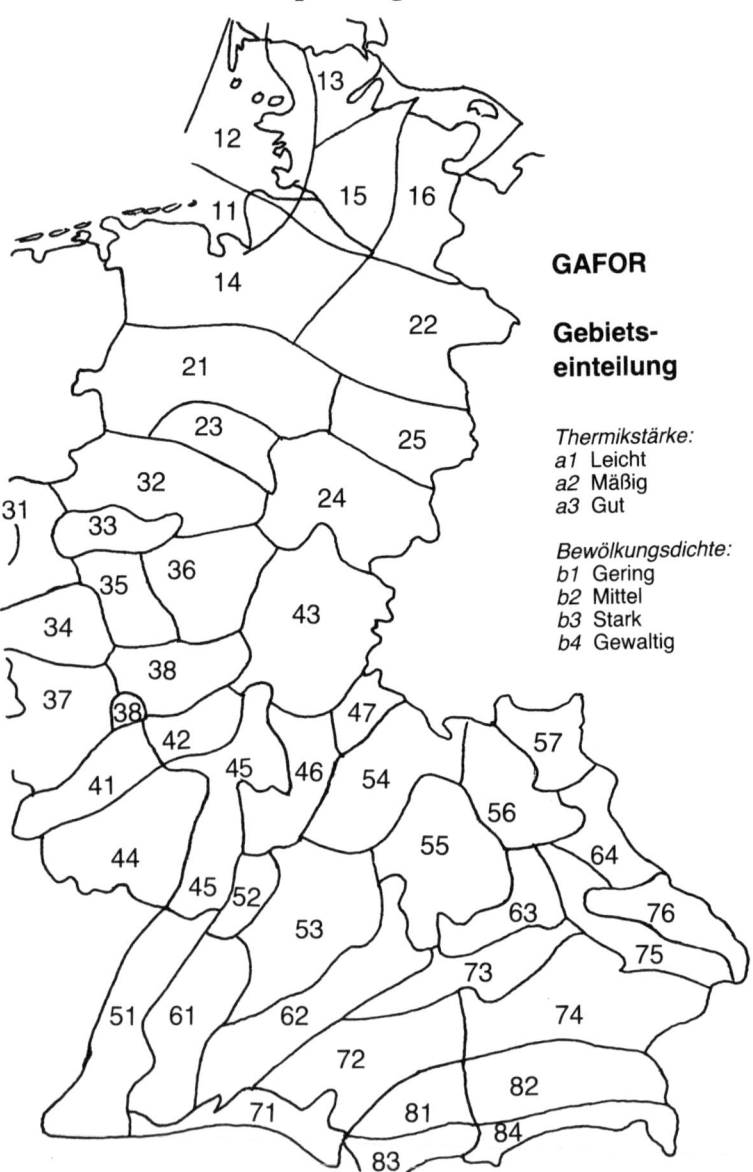

GAFOR

Gebiets-einteilung

Thermikstärke:
a1 Leicht
a2 Mäßig
a3 Gut

Bewölkungsdichte:
b1 Gering
b2 Mittel
b3 Stark
b4 Gewaltig

13	Nördliches Schleswig-Holstein	a2/b2	und Wetterau	a1/b1
14	Nordwestliches		Wetterau früh	a2/b2
	Niedersachsen	a1/b1	46 Odenwald und	
15	Niederelbegebiet	a1/b1	Spessart	a3/b2
16	Ostholstein	a1/b2	47 Rhön	a3/b3
21	Westliches		51 Oberrheinische	
	Niedersachsen	a1/2/b1/2	Tiefebene	a1/b1
22	Lüneburger Heide	a2/b2	52 Kraichgau	a2/b2
23	Teutoburger Wald	a2/b2	53 Neckar-Jagst-Gebiet	a2/b1/2
24	Weser-Leine-Gebiet	a2/b2	54 Main- und	
25	Hannover-		Unterfranken	a2/b2
	Braunschweig	a2/b2	55 Mittelfranken	a2/b2
31	Niederrheinisches		56 Oberfranken	a2/b3
	Tiefland	a1/2/b1/2	57 Frankenwald und	
32	Münsterland	a1/2/b2	Fichtelgebirge	a3/b3
33	Ruhrgebiet	a1/2/b2	61 Schwarzwald	a3/b2/3
34	Kölner Bucht	a1/b2	62 Schwäbische Alb	a3/b2
35	Bergisches Land	a2/b2	63 Fränkische Alb	a3/b2
36	Sauerland	a3/b2	64 Oberpfälzer Wald	a3/b2
37	Eifel	a3/b2	Gebiet um Bruck	a2/b1
38	Neuwieder Becken	a1/b3	71 Hochrhein und	
39	Westerwald	a2/3/b2	Bodenseeraum	a1/b1/2
41	Hunsrück	a3/b2	72 Schwäb. Hochebene	a2/b1/2
42	Taunus Südseite	a2/3/b2/3	73 Westl. Donauraum	a1/b1/2
	Nordseite	a2/b1	74 Südbayer. Hügelland	a1/2/b1/2
43	Nordhessisches		75 Östl. Donauraum und	
	Bergland	a2/b3	Naabniederung	a1/b1/2
	Vogelsberg	a2/b3/4!	76 Bayer. Wald	a2/3/b3/4
44	Rheinpfalz und		81 Westl. Alpenvorland	a2/b2
	Saargebiet	a2/b2	82 Östl. Alpenvorland	a2/b2
45	Rhein-Maingebiet		83 Allgäuer Alpen	a3/b2
			84 Östl. Bayer. Alpen	a2/b3

Für die *thermische Streckenplanung* kann als grober Maßstab die AFWA-Gebietseinteilung verwendet werden, wie sie auf nebenstehender Seite abgebildet ist. Hier wird für klimatisch relativ gleichgeartete Gebiete jeweils eine Angabe über Thermikstärke (von leicht bis gut) und Bewölkungsdichte (von gering bis gewaltig) gemacht. Selbstverständlich gibt es innerhalb der einzelnen Gebiete noch große Unterschiede selbst, doch als Planungshilfe für etwaige Streckenflüge kann diese Grobaussage herangezogen werden. Nähere Angaben kann man auch von den verschiedenen Thermikkartierungen erhalten, wie sie z. B. Müller/Kottmeier für Norddeutschland und der Verfasser für Süddeutschland angestellt und veröffentlicht haben. Von noch mehr Interesse jedoch – nach soviel Zusatzinformationen über Thermik – dürfte die Aussage sein, welche großräumigen Wetterlagen mit guter Thermik aufwarten können.

Großräumige Wetterlagen mit guter Thermikerwartung

Wetterlagen mit überwiegend antizyklonalem Charakter und Einfließen relativ kühler Luftmassen, die infolge der Sonneneinstrahlung erwärmt werden, sind klassische Fluglagen. Davon fallen besonders ins Gewicht:

- Stabile Hochdrucklage mit Hochkern im Raume Britische Inseln/Nordsee/Skandinavien/Nordrußland. Von Nordosten einfließende, überwiegend polar-kontinental geprägte Luftmassen (Nordost-Lage).
- Annäherung eines kräftigen Hochdruckgebietes von Westeuropa her unter kräftiger Rückseite eines Höhentroges. Günstigste Phase nach Abklingen der Schaueraktivität.
- Im Rahmen einer Westlage zwischenzeitliche Ausbildung eines Hochdruckkeiles über Mitteleuropa hinter einer ostwärts abziehenden Kaltfront.

Weniger thermikgünstige Wetterlagen:

- Hochdrucklage über Ost- und Südosteuropa (Südlagen). Meist besteht Warmluftzufuhr, teilweise Gefahr von Überentwicklungen. Im Alpenbereich oft Föhneinschlag!
- Sehr kräftige, voll entwickelte Hochdrucklage über dem zentralen Mitteleuropa. Dabei »Gefahr« von Blauthermik.
- Hochdrucklage über der Biscaya/Nordatlantik (= Nordwestlage). Zufuhr kühler oder kalter Meeresluftmassen. Gefahr von Stau an den Mittelgebirgen und Alpen und von Überentwicklungen. Häufig bietet sich in den Französischen und Schweizer Alpen schon gutes Flugwetter, da diese Gebiete bereits unter stärkerem Hochdruckeinfluß mit absinkender Luftbewegung liegen.

102

Die charakteristischen Wetterlagen der verschiedenen Jahreszeiten sind auf ihre thermische Ausnutzbarkeit schon oft untersucht worden. Um wenigstens die typischen, erfolgversprechenden Thermikwetterlagen bereits in der Vorhersagekarte im abendlichen Fernsehwetterbericht erkennen zu können, folgt hier eine Zusammenstellung der wichtigsten und ertragreichsten Großwetterlagen.

Es gibt kein Allheilmittel für einen guten Flug, will man eine ähnliche, der hier nachfolgend vorgestellten Wetterlagen nutzen, was sich aufgrund der Komplexibilität des Mediums »Wetter« von selbst versteht. Wir wollen lediglich das Hauptaugenmerk des Betrachters auf die Lage der Hauptdruckgebilde richten. Im einzelnen können dann die hier vorgestellten Wetterlagen sich durchaus von den angedeuteten Merkmalen unterscheiden. Doch wenn man die Lage bereits am Vorabend erkennt, kann man durch gezielte Wetterberatung bzw. präzise Fragen an die Flugwetterberatung bereit sein, größere Aufgaben zu erfüllen.

Nordost- und Ostlage

Diese Großwetterlage stellt meist die günstigste Frühjahrslage für Strecken in Windrichtung dar! Bereits ab Ende März bis Mitte Juni kann uns diese Druckverteilung – Hoch über Großbritannien bis Südskandinavien und Tief südliche Adria – sehr gute Flugmöglichkeiten bescheren. Hierbei wird bei kräftigen Winden Polarluft aus Nordosteuropa herangeschafft, die hohe Labilität und durch das Windprofil meist sogar Straßenthermik hervorruft. Während Süddeutschland (besonders die Gebiete südlich der Donau) durch den Tiefeinfluß über der Adria vielfach benachteiligt ist, garantiert die früh einsetzende Thermik dem norddeutschen Flachland und den Flügen in Richtung Frankreich langanhaltende Thermik.

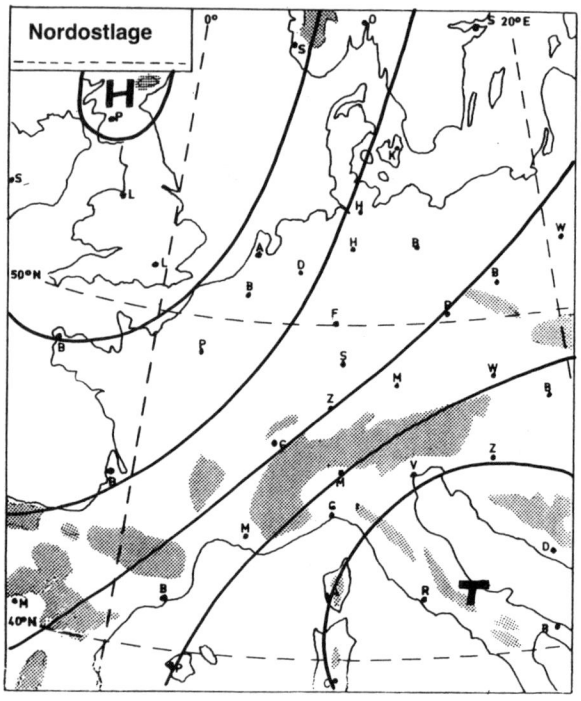

Das Rückseitenwetter

Diese Lage bindet die Flugmöglichkeiten an keine Jahreszeit! Die Rückseitenwetterlagen der Kaltfronten können über die gesamte Flugsaison gut ausgenützt werden. Auf der Rückseite von abziehenden Kaltfronten fließt labile Kaltluft nach. Nach der Kaltfrontpassage steigt der Luftdruck. Da jedoch das Gebiet der höhenkältesten Luft, der Trog, erst noch passieren muß, kommt es am ersten Tag bei ansonst hervorragender Sicht zu häufigen Schauern mit kräftigem Wind. Also: Die bereits gute Thermik wird durch Überentwicklungen beeinträchtigt.

Nach Passage des Höhentroges wird durch den Luftdruckanstieg eine Absinkinversion ausgebildet, die in der Folge kaum

104

mehr Schauer zuläßt. Der Hochdruckeinfluß nimmt zu, doch die Labilität (anfangs meist zu groß) nimmt ebenso wie der Wind ab: Zwischenhocheinfluß heißt das Schlagwort, wenn solch eine Situation zwischen mehreren ankommenden Störungen auftritt. Wird man anfangs durch die hohe Labilität dafür starken Wind antreffen und somit besonders in flacherem Gebiet Ziel- und Zielrückkehrflüge in Angriff nehmen, so wird der Dreieckflug um so mehr in den Vordergrund treten, wie der Luftdruck steigt. Im letzteren Falle beginnt im bergigen Bereich früh die Thermik eher als im Flachland, d. h., daß auch ein geländeorientierter Dreieck-flug über bergigem Gebiet mehr Aussicht auf Erfolg verspricht.

Im Anschluß an die bisher vorgestellten Wetterlagen sollen weitere ausgewählte, gute Thermiksituationen im Bild angeführt werden, um den Blick für die Lage zu schärfen!

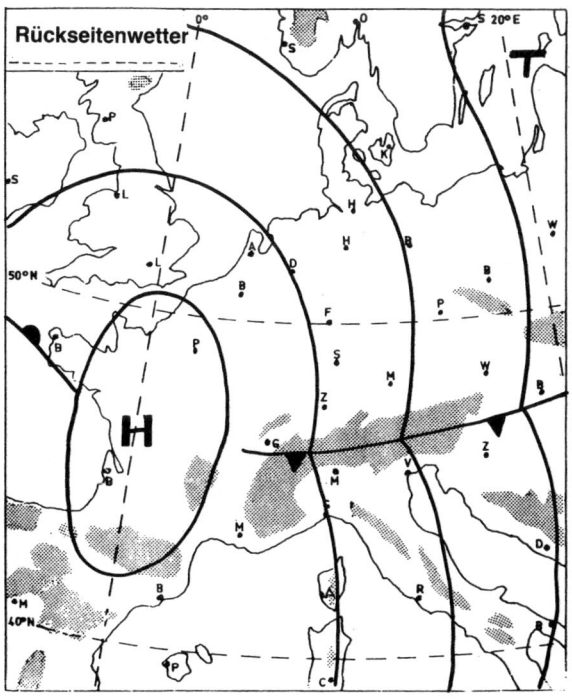

Das zentrale Hoch

Diese Druckverteilung ist im Frühjahr leider sehr selten, so daß wir erst im Sommer in dessen Genuß kommen. Hier darf man dann aber keine Superthermik mehr erwarten, da die nötigen Temperaturgegensätze nicht mehr so kraß ausgebildet sind. Das bedeutet relativ spät beginnende Thermik, die von nur wenigen Quellwolken gekennzeichnet ist. Diese Quellungen nehmen weiter ab, je länger dieses Hoch andauert. Desto später beginnt an den folgenden Hochdrucktagen die Thermik, wobei dafür die Sicht unter der Inversion immer schlechter wird. Häufig sinkt die Sperrschicht bis zum Boden ab. Dann dauert es im Flachland oft mehrere Stunden länger als im Bergland, bis die Thermik einsetzt.

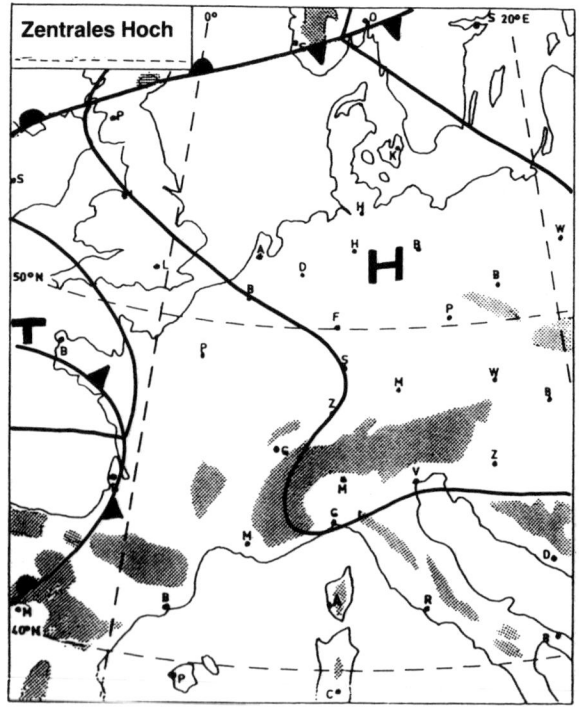

Die Südwestlage

Ist diese Druckverteilung im Sommer gegeben, so kann sich jeder Leistungsflieger glücklich schätzen, diese Lage nutzen zu können, da sie leider sehr selten auftritt. Zudem ist es sehr schwierig, sie mit der Bodenwetterkarte zu identifizieren. Die typische Südwestströmung drückt sich nämlich erst in den Höhenkarten deutlich aus.

Bei der »typischen« Südwestlage bilden sich aufgrund der starken Windzunahme mit der Höhe vielfach Thermikreihungen, Straßen also, die zur Nutzung einladen. Tritt diese Lage im Sommer auf, so kann es abends zu örtlichen Gewittern kommen, da ja subtropische Warmluft herangeführt wird. Nicht selten kann es bei solch einer Lage auch zu Konvektions- oder Thermikwellen

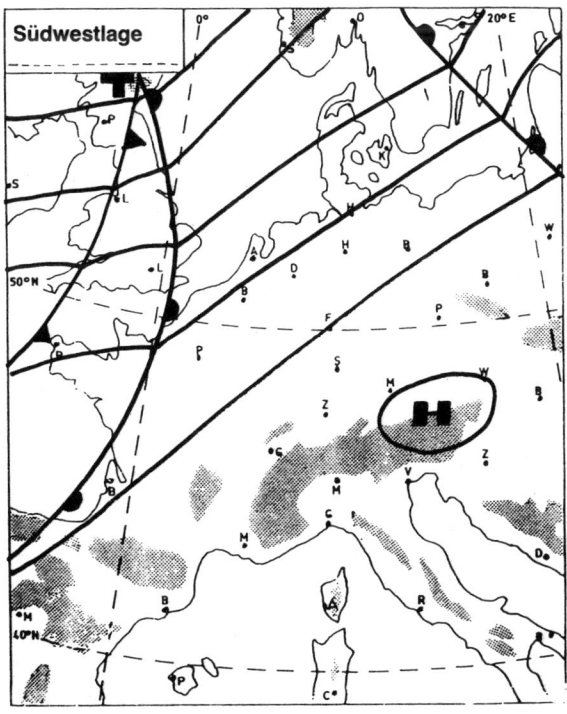

(= Cumuluswelle) kommen, wenn eine kräftig entwickelte Quellwolke als Hindernis für die strömende Luft wirkt. Die Luft wird ja
deshalb zum Überströmen des »Hindernisses« gezwungen und
ruft Wellenbewegungen hervor, die als thermische Wellen
bekannt und nutzbar sind.

Die antizyklonale Westlage

Normalerweise bringen Westlagen im Sommer ergiebige und
lange Regenfälle. Schuld daran ist das Aufeinandertreffen von
Kaltluft von Norden und Warmluft von Süden her. Greift der
Einfluß des Hochs über dem Mittelmeerraum weiter nordwärts

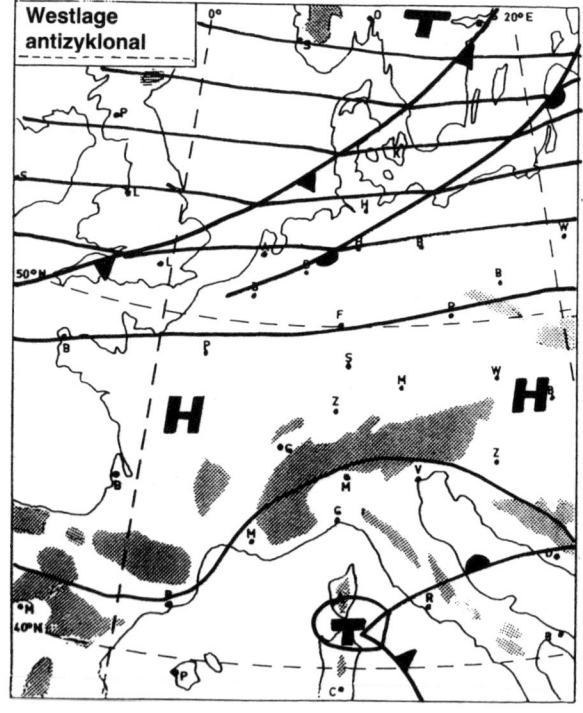

aus oder läßt der Einfluß des Nordmeertiefs nach, besteht bei leicht antizyklonal gekrümmten Isobaren zunehmend Hoffnung auf Thermikflugwetter, wobei der Süden Deutschlands meist gegenüber dem Norden bevorzugt ist. Dann ruft die labile, subtropische Warmluft gute Flugmöglichkeiten hervor, wobei die nachmittägliche und abendliche Gewitterneigung als Hemmnis mit zu berücksichtigen ist. Diese Großwetterlage ist auch meist verantwortlich für Wellenflugbedingungen im Mittelgebirgsraum (wie auch die Südwestlage).

Generell muß man bei allen Wettersituationen auf die Krümmung der Isobaren achten, da vor allem im Sommer zyklonale Ausbuchtungen im ansonsten antizyklonal gekrümmten Luftdruckgebilde bereits der erste Hinweis auf mögliche Gewitter spätnachmittags und abends sind.

Weitere gute Thermikwetterlagen – die keiner weiteren ausführlichen Beschreibung bedürfen – sollen als »stille Bilder« die THERMIK-FIBEL abschließen.

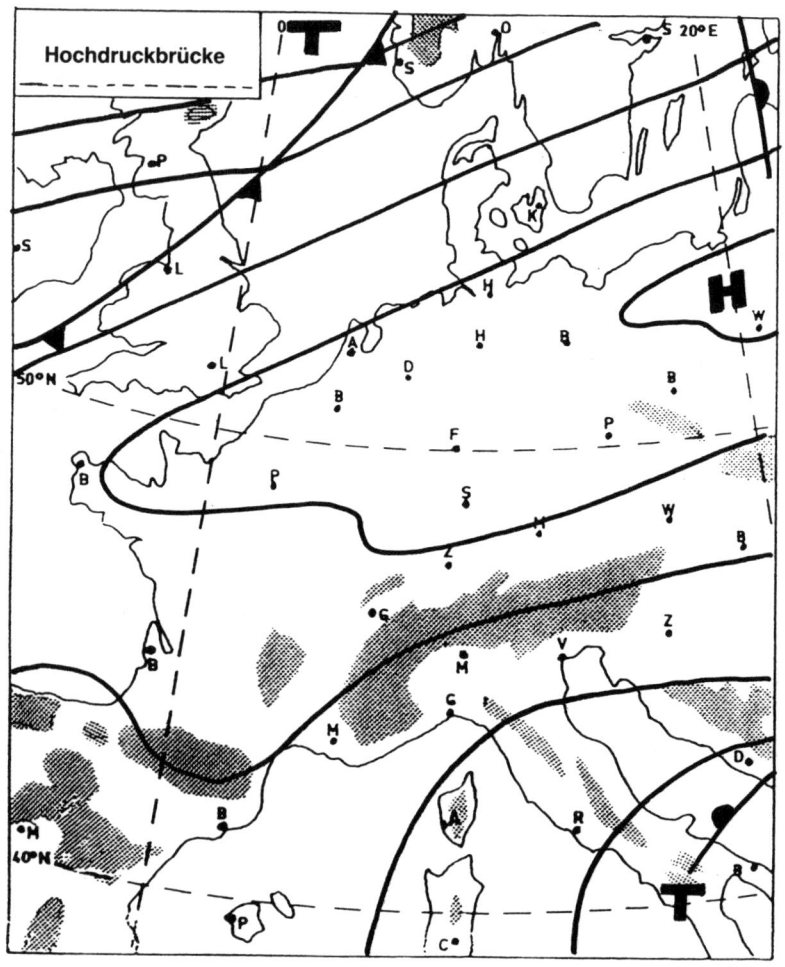

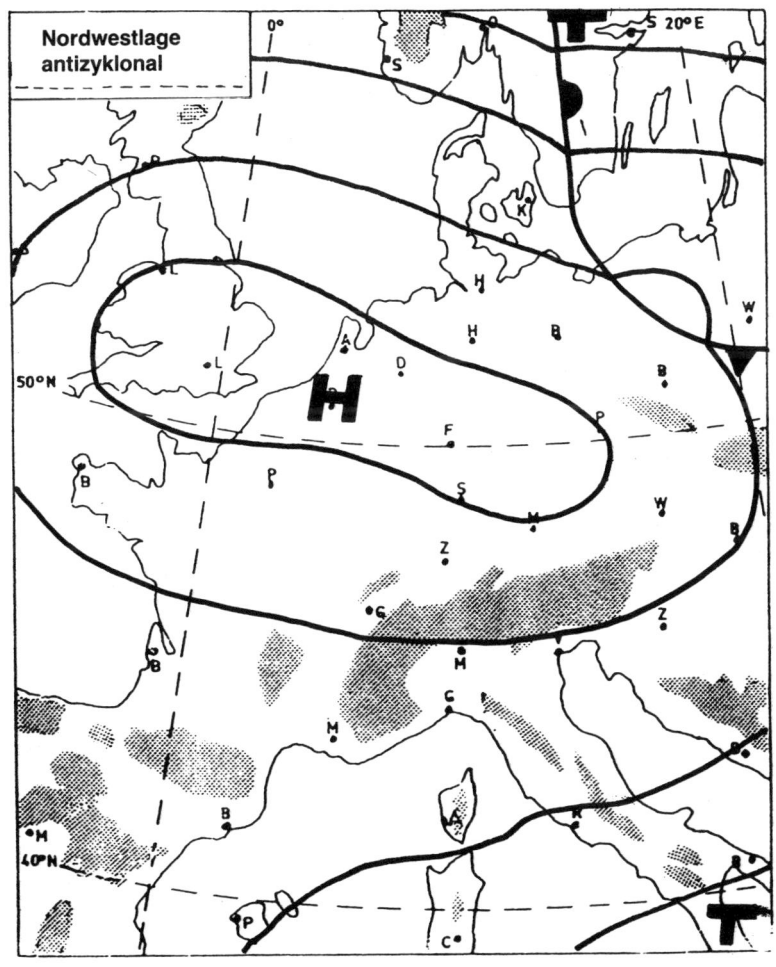

Nordwestlage
antizyklonal

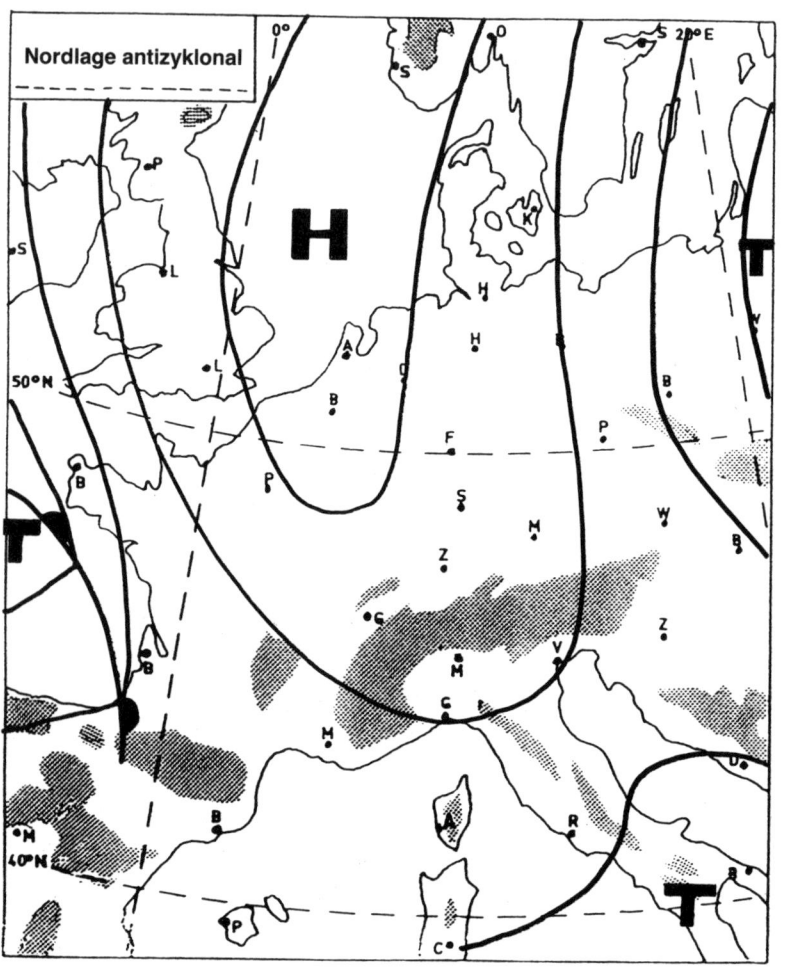

Nordlage antizyklonal

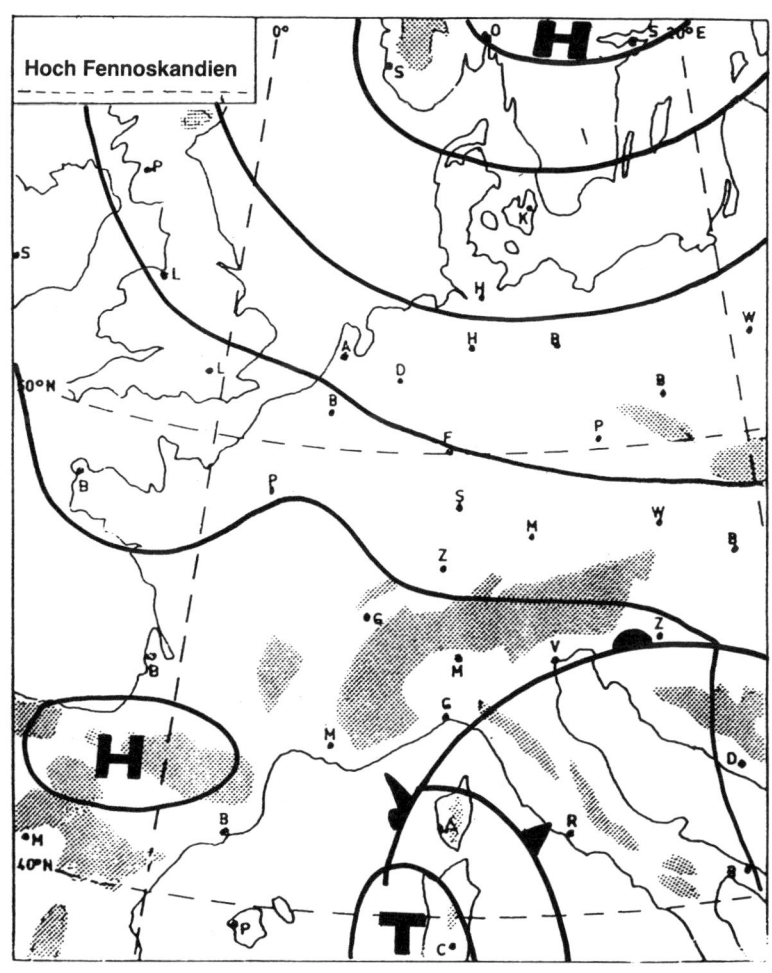

Hoch Fennoskandien

Literaturhinweise

1) Wallington, C. E.: Meteorology for Glider Pilots, 1961, John Murray (Publishers) Ltd., London, 3rd Edition

2) Vaillant, R.: Meteorologie Appliquee, Meteorologie nationale, Mis a la disposition du S.F.A.C.T.

3) Trimmel, H.: 1979, Meteorologisch-Statistische Auswertung von Streckenflügen, Österreich. Flugsportzeitung Nr. 1, 1978, pp. 19−22

4) Reinhardt, M. E.: 1971, Aerologische Strukturen am Alpennordrand nach Flugzeugsondierungen, Annalen der Met. 1971, Nr. 5, pp. 81−91

5) OSTIV: Forecasters Manual for Soaring Flight, 1976, World Met. Organization No. 495, 1978, Geneva (Technical Note No. 158)

6) Geiger, R.: Vieweg-Verlag Braunschweig, 1961, Klima d. bodenn. Luftsch.

7) Georgii, W.: Met. Navigation des Segelflugs, Akad. Verlagsanstalt Frankfurt/M., 1956

8) Kreipl, M.: Mit dem Wetter Segelfliegen, Motorbuch Verlag Stuttgart, 1986, 4. Aufl.

9) Kreipl, M.: Wolken, Wind und Wellenflug, Motorbuch Verlag Stuttgart, 1989, 3. Aufl.

10) Reichmann, H.: Streckensegelflug, Motorbuch Verlag Stuttgart, 1975

11) Tanck: Persönl. Vortragsnotizen von »Thermik in Küstennähe«

12) England/Ulbricht: Flugmeteorologie, transpress, VEB, Verlag für Verkehrswesen, 1980

13) Janssen/Tänzler: Drachenflieger für Meister, Nymphenburger Verlag München, 1983

14) Kalckreuth, J.: Segeln über den Alpen, Motorbuch Verlag Stuttgart, 1975

15) Leykauf, H.: 1983, Met. Aspekte des Alpinen Langstreckensegelfluges, OSTIV Publication XVII, Weßling/Obb.

16) Müller/Kottmeier: Met. Aspekte des Streckensegelfluges, »Aerokurier« 04/80, »Luftsport« 02 bis 05/82, Met. Rundschau 06/82.

17) Fortak, H.: Meteorologie, Dietrich Reimer Verlag Berlin, 1982

18) Jaeneke: Satellitenbild-Interpretation für die Segelflugberatung, Ausarbeitung für den Dienstgebrauch an der FHS d. Bundes, Neustadt/Wstr./Langen

19) Truog, G.: Handbuch für die Segelflugprognose (quasi Übersetzung des OSTIV Manuals mit diversen Zusätzen für Schweizer Verhältnisse, zum Dienstgebrauch in der SMA, Zürich)

20) Neininger/Liechti: Mesoscale Measurements in an Alpine Valley, 1984, Geo Journal, D. Reidel Publ. Comp., Dordrecht and Boston, pp. 265 ff.

21) Lindsay C.: Forecasters Handbook No. 3, National Weather Service, USA, '72

22) Küttner, J.: Thermal Wave soaring, 1972, »Aero Revue«, pp. 394−396

23) Lindemann, C.: Thermal waves, 1973, »Aero Revue« 12/73 + 01/74

24) Collier, Y.: Manuskriptnotizen vom OSTIV-Seminar

25) Hess/Brzowsky: Großwetterlagen in Mitteleuropa, Eigenverlag Deutscher Wetterdienst, Offenbach/M.

26) Weinholtz, F.: Grundtheorie des modernen Streckensegelfluges, 5. Aufl., VLL − Verlag für Luftsport und Luftfahrt, Gräwe GmbH, 4630 Bochum, Hüttenstraße 3−5

27) Sterz, H.: Alpensegelflug − Motorsegler, Dokumentation und Bericht über das 4. Seminar für Leistungssegelflug, Augsburg, 1969, Herstellung/Vertrieb Ulrich Basan, Postf. 101203, 8900 Augsburg

28) Krutina: Unterrichtshilfe »Thermik«, WDS Neustadt

Zuverlässige Copiloten

Roderich Cescotti
Aerospace-Wörterbuch
Englisch-Deutsch /
Deutsch-Englisch: Das gesamte Vokabular der
ICAO mit 50.000 Wortstellen, durch zahlreiche
Grundbegriffe aus der
Raumfahrt ergänzt.
382 Seiten, gebunden
DM/sFr 59,– / öS 460,–
Bestell-Nr. 01536

Eva A. Cichon
Navigation im Sichtflug
Die notwendigen Regeln
und richtiges Verhalten in
allen Situationen – begleitet von hilfreichen
Übungsaufgaben, Kontrollfragen und anschaulichen Illustrationen.
144 S., 99 Abb., brosch.
DM/sFr 39,80 / öS 311,–
Bestell-Nr. 70775

Willy Eichenberger
Flugwetterkunde
Das seit Jahren im In- und Ausland
bewährte Standardwerk für Privat-,
Berufs- und IFR-Piloten, Fluglehrer,
Meteorologen, Navigatoren und
Dispatcher – für die tägliche Praxis.
356 S., 51 Abb., 208 Zeichn., geb.
DM/sFr 69,– / öS 538,–
Bestell-Nr. 01683

Jürgen Mies
Luftrecht
Die luftrechtlichen Fragen
zur Ausbildung und Prüfung von Privatpiloten:
Luftverkehrsregeln, Gesetzesgrundlagen, Luftraumeinteilung u.v.a.
224 Seiten, 63 Zeichn.,
10 Karten, gebunden
DM/sFr 49,– / öS 382,–
Bestell-Nr. 01684

Jürgen Mies
Flugtechnik
Alle Funktionen der gesamten Flugtechnik werden in Wort und Bild vermittelt. Für Piloten, die
sich in der Ausbildung befinden, eine unverzichtbare Pflichtlektüre.
230 S., 120 Abb., geb.
DM/sFr 49,80 / öS 369,–
Bestell-Nr. 01725

**DER VERLAG FÜR
LUFTFAHRT-BÜCHER**

Postfach 10 37 43 · 70032 Stuttgart
Telefon (0711) 21 08 065
Telefax (0711) 21 08 070

Stand Juli 1996 – Änderungen in Preis und Lieferfähigkeit vorbehalten

READY FOR

TAKE-OFF?

Luftfahrt-Begeisterte, aktive Piloten und Fachleute aus der Luft- und Raumfahrt – sie alle finden monatlich neu aktuelle Informationen aus aller Welt in zwei faszinierenden und kompetenten Luftfahrt-Zeitschriften:

aerokurier

Unentbehrliche Fachinformationen, Pilot Reports, News und Praxistips aus der ganzen Allgemeinen Luftfahrt monatlich neu im aerokurier.

FLUG REVUE

Europas größte Luftfahrt-Zeitschrift berichtet jeden Monat aktuell aus Zivil- und Militärluftfahrt, Wirtschaft, Raumfahrt, Forschung und Historie.

Monatlich neu am Kiosk oder bestellen Sie direkt bei: Motor Presse Stuttgart, Leuschnerstr. 1, 70174 Stuttgart. Telefon 0711/182-01, Fax 0711/182-1940.